ちくま新書

「身体を売る彼女たち」の事情

——自立と依存の性風俗

坂爪真吾
Sakatsume Shingo

1360

「身体を売る彼女たち」の事情
——自立と依存の性風俗
【目次】

*文中で登場する女性・スタッフ・店長などの関係者は、プライバシー保護のため全て仮名で表記している（専門家やＮＰＯ関係者など実名を公表している人物を除く）

また、文中で登場する各相談事例は、原則として事前に相談者の承諾を得た上で、プライバシー保護のため（個人・地域・店舗が特定できないように）一部内容に変更を加えた上で掲載している。

はじめに

†「JKビジネス」が死んだ日

二〇一七年七月一日、東京都において「特定異性接客営業等の規制に関する条例」、いわゆるJKビジネス規制条例が施行された。

JKビジネスとは、現役のJK＝女子高生らが男性客相手に添い寝やマッサージ、散歩の相手を行うサービスの総称である。都内では秋葉原や池袋などの繁華街に「お散歩店」「リフレ」「見学店」などの業態があり、児童買春や犯罪・性暴力被害の温床になると指摘されてきた。

今回の都条例では、こうした業態で十八歳未満の青少年に接客させることが禁止され、東京都内でJKビジネスを営業することは事実上不可能になった。

施行日当日、警視庁の少年育成課員らがマスコットキャラクターのピーポくんと並んで原宿の街頭に立ち、十代に人気のモデル・藤田ニコルを起用した「ＳＴＯＰ　ＪＫビジネス！」の啓発チラシを配布して、道行く女子高生らにＪＫビジネスの危険性を呼び掛けた。

警察が原宿でチラシを配布している最中、私はＪＲ池袋駅東口にある「楽屋」と呼ばれる部屋の中にいた。目の前では、モデルやアイドルのようにきらびやかなファッションに身を包んだ女の子たちが椅子に座り、スマホを充電しながらハイチュウを食べている。

彼女たちは、ＪＫビジネスの業態の一つとされる「派遣型リフレ」で働いている。店舗は存在せず、女性が直接客の待つホテルの部屋を訪問してサービスを提供する仕組みになっている。

一般的な性風俗店とは異なり、リフレに決まったサービスメニューはない。どのような内容のサービス＝「オプション」をいくらで行うかは、女性と客との交渉で決まる。オプションで得られた料金は全て女性の取り分になるため、いかに客を引き付ける魅力的なオプションを提供できるかどうかが、派遣型リフレで稼げるか否かの分かれ目になる。

おしゃべりや添い寝、ハグなどのソフトなサービスを中心に行う女性もいれば、私服から制服への生着替えなどの大胆なサービスを行う女性もいる。

中には、マイクロビキニやローライズの玉パンツなどのきわどい服装でM字開脚をしてみせる女性もいる。最終的には手や口で射精に導くこともあり、性風俗との境界線はかなり曖昧になってきている。

派遣型リフレで働く彼女たちの姿は、皆一様だ。黒髪よりも明るいが茶髪よりも落ち着きのある暗髪をハーフアップにして清楚なイメージを演出。ピンクのチークや垂れ眉など計算して作り込まれたナチュラルメイク。ゆめかわネイルにビジュー（装身具）のついた服。titty&Co.のフラワー柄ワンピースに、SamanthaやJILL STUARTのハンドバッグ。こうした「量産型リフレ嬢」と揶揄される格好で武装した全身パステルカラーの彼女たちは、楽屋の中でスマホをいじりながら、店からＬＩＮＥで連絡が来るのを待っている。

私の目の前に座っていた女の子のスマホが鳴った。どうやら指名が入ったようだ。彼女はハンドバッグを腕にかけ、楽屋を後にして客の待っているラブホテルに歩いて行った。

なぜ彼女たちは働き続けているのか？

ＪＫビジネスの営業が都条例で禁止された、まさにその当日にもかかわらず、なぜ彼女たちは堂々と働き続けているのか？　答えは、彼女たちの働いている店が「法律的にはＪ

Kビジネスではないから」だ。

実はこの都条例が施行される二年以上前の時点で、警察による店舗の摘発や補導によって、現役の女子高生、及び十八歳未満の少女がJKビジネスで働くことは事実上不可能になっていた。現場で働いているのは、高校を卒業・中退した十八〜十九歳前後の「JK風」の女の子たちだ。この数年間は、JKに近い年齢の女性がJKのような服装をして接客やマッサージをするという「JK風ビジネス」が主流になっている。

つまりその名称やイメージに反して、JKビジネスの現場には、既に現役の女子高生はほとんど存在していなかったのだ。楽屋に集まっている女の子たちも、全員十八歳以上の専門学校生や大学生、もしくはフリーターである。

†「絶対、やっちゃダメ。」では止まらない

ツイッターのタイムラインに流れる「JKビジネス規制の都条例施行」のニュースを横目で見ながら、楽屋にいる女の子の一人と雑談をした。

「今年の春に高校を卒業されたんですか?」と尋ねると、「実は私、もう二十歳なんですよ」と照れ臭そうに答えた。彼女は十七歳の頃からずっとJKビジネスの世界で働いてい

るそうだ。

途中、働いている店舗の経営者が児童福祉法違反で逮捕されたり、彼女自身が警察に補導されたこともあったという。しかし、彼女はＪＫビジネスで働くことをやめていない。

お散歩店や店舗型リフレでは固定客が減って稼げなくなったため、現在の派遣型リフレに移ってきたという。現役のＪＫでなくなっても、二十歳を過ぎても、彼女は量産型リフレ嬢としての「武装」を解除せず、楽屋で客の指名を待ち続けている。

そんな彼女の目の前に座っている私のスマホの画面上には「ほんっとにヤバイよ、そのバイト。藤田ニコルは許さない！」「絶対、やっちゃダメ。」という東京都の作成した啓発画像が虚しく映っている。

彼女たちはＪＫビジネスの危険性を知らないからやっているのではない。ＪＫビジネスで働くリスクとリターンを冷静に計算した上で、期限付きの自らの若さと肉体の商品価値を最大価格で換金することを目指して、あえてこの世界に巻き込まれている。

危険性を訴えることしかできない大人たちと、危険な目に遭ってもやめない少女たち。両者の思惑は永久にすれ違い続けるしかないのだろうか。

†ＪＫビジネスの「ゾンビ」が徘徊する世界

二〇一七年七月一日、都条例の施行によりＪＫビジネスは死んだ。

しかし、ＪＫビジネスが社会から消え去ったわけではない。池袋の光景をご覧頂ければお分かりの通り、ＪＫ風ビジネスという名の「ゾンビ」になっただけだ。

歴史を振り返ると、ちょうど六十年前の一九五七年、売春防止法施行によって売春は違法になった。しかし、売春は性交類似行為をサービスとして提供する「性風俗」という名のゾンビに姿を変え、法律や制度のグレーゾーンに棲みつき、そこで生きる男女を吸い寄せて貪欲に成長する存在、そしてそれゆえに規制も啓発も効きづらい存在へと厄介な進化を遂げた。

売春防止法施行から六十年が経った今も、一部の地域や業態では半ば公然と売春行為が行われているが、「女性と客の自由恋愛」「店舗側は関与していない」という建前に阻まれ、法律で規制・撲滅することはできていない。

同じように、二〇一七年の都条例施行によってＪＫビジネスの営業は違法になったが、「ＪＫビジネス類似行為」を行う店舗や女性、そしてそれらを求める男性客は依然として消えていない。

ＪＫの雇用禁止によって、かえって市場におけるＪＫのブランド価値は高まる。そうした中で、ＪＫ風ビジネスはさらに怪しい輝きを増す。そして、そうした曖昧な空間の中に本当のＪＫ＝十八歳未満の未成年が紛れ込む・巻き込まれる危険性も、相変わらず消えていない。

†性風俗と社会をつないだ「後」に見えてきた景色

どんな法律や権力も、一度殺した対象を二度殺すことはできない。私たちはこれから数十年にわたって、「ＪＫ風ビジネス」が跋扈する社会の中で生きていかざるを得ないだろう。

だとすれば、今必要なのは、これ以上表面的な啓発や規制を繰り返すことではなく、グレーな世界とうまく共生、もしくは共闘するための具体的な戦略を考えることだ。

前作『性風俗のいびつな現場』(二〇一六年)では、グレーな性風俗の世界のカラクリを解き明かした上で、司法と福祉を媒介にして「性風俗と社会をつなぐ」というビジョンを提示した。

生活に困窮した女性の集まる性風俗店と司法・福祉が連携すれば、これまでの行政やNPOでは決してリーチできなかった層の女性に適切な支援を届けられる可能性を提示し、そこにこそ「性風俗の正義」＝社会的存在意義があると訴えた。

あれから二年。私たちは全国各地で、司法と福祉を媒介にして性風俗と社会をつなぐ試みを実践してきた。

激安店や熟女店、人妻店や妊婦母乳店で働く女性たち、経営者や男性従業員、JKビジネスで働く十代の女性たち、派遣型リフレの店長やユーザーの男性たちの声に直に触れて、共に悩み、考え、行動を積み重ねてきた。

今作では、そうした泥臭い実践の中から見えてきたミクロの世界＝性風俗で働く彼女たちが抱えている課題を整理しながら、それらを生み出すマクロな社会構造を解き明かしていく。

ミクロとマクロ、双方の視点から、性風俗と司法・福祉がつながった後に見えてきた景色を分析しながら、私たちの社会がこうした見えないグレーゾーンとうまく折り合いをつけるために必要なビジョンを提示したい。

本書を読み進めていくうちに、あなたは、JKビジネスや性風俗の世界で働く彼女たちが売っているのは、決して「身体」ではないことに気づくだろう。

そして、これらの世界に山積になっている課題が「彼女たちの」という三人称で語られるべき「他人事」ではなく、「私たちの」という一人称で語られるべき「自分事」であることにも気づくだろう。

「彼女たちの問題」を「私たちの問題」として捉え直すことのできるリテラシーは、複雑性と不透明性が増していくこれからの社会を生きる全ての人にとって、必要不可欠な武器になると私は信じている。

本書が、この社会に遍在する「彼女たち」を「私たち」へと変換していくための手引きになることを願って。

第一章 「JKリフレ」という駆け引きの世界

1 「いくらで」「どこまで」やるかは、私が決める

†「JKに限りなく近い生き物たち」の集まる小部屋

JR池袋駅東口から徒歩八分の場所にある、ワンルームマンションの一室。坊主頭の男性がせわしなくノートパソコンのキーボードを叩きながら、二台のスマホを交互にスワイプしている。テーブルとソファー、そして観葉植物の鉢が置かれているだけの殺風景な空間に、LINEやツイッターの無機質な通知音、そして電話の着信音だけが断続的に響き渡っている。

男性はさながらクラブのDJのように複数のスマホとパソコンを操りながら、女性からのLINEに素早く返信し、男性客からの電話に丁寧に応答しつつ、紙の予約シートに受注した依頼内容を細かく書き込んでいく。たった一人で注文・調理・配膳をこなすファストフード店の腕利きアルバイトのようだ。

ここは派遣型リフレ「JKMAX」の事務所だ。ホームページには、「女子高生に最も

近い素人十代ロリを全国から召集！」というコピーの下、ＪＫ（女子高生）をＭＡＸ（限界まで）イメージした十代少女のみが在籍している、と謳われている。

こうしたダイレクトな店名やコピーから分かる通り、派遣型リフレは、いわゆるＪＫビジネスの世界から生まれた業態の一つである。「ＪＫＭＡＸ」は、この坊主頭の男性＝桑田さんが二〇一七年二月に創業し、十代の少女たちと協力しながら切り盛りしている。

†派遣型リフレ＝性風俗のアンチテーゼ

派遣型リフレは、性風俗のアンチテーゼとして誕生した業種である。

まず、派遣型であるために店舗自体が存在しない。あるのは男性客の依頼を受け付ける事務所だけで、女性の待機部屋すら存在しないところもある。場合によっては店のホームページすらなく、無料のブログで情報を発信している店舗もある。

プロのデザイナーや広告代理店によって作り込まれた性風俗店のサイトとは異なり、あえて素人の手作り感やアンダーグラウンド感を演出することが重要視されている。女の子の出勤情報等は主にツイッター上で発信され、店と女性との間のやり取りは全てＬＩＮＥ上で行われている。

そして最大の特徴は「サービス内容（オプション）とその料金は、全て女性自身が決める」という点にある。

性風俗のように、基本料金の範囲内で決められたメニューを流れ作業のようにこなしていくのではなく、その場の雰囲気や相手の男性の好みによって、いちゃつき、ハグ、添い寝、マッサージ、生着替え……などのオプションを追加していく。

そして各オプションの価格も女性自身が決める。女性がやりたくないことはやらなくてもいいし、男性客からの要求を断ることもできる。

すなわち、サービス内容の決定権と価格決定権が男性側（客・店舗）ではなく女性側にあるのだ。これは一般的な性風俗店ではまず考えられない。

そして指名を獲得・維持するための広告宣伝も、それぞれの女性が自身のツイッターで行う。数百人規模のフォロワーを有している女性もおり、常連客専用の鍵付きアカウントを用意し、その中で顔出し写真をアップしている女性もいる。

性風俗における流れ作業のようなサービスを嫌がる男性客。自分のしたくないサービスはやらずに済ませたい（そしてできれば脱がずに高額を稼ぎたい）女性。店舗の運営や広告宣伝にかかる経費を抑えて利益を出したい経営者。派遣型リフレは、こうした三者のニーズが合致して、生まれるべくして生まれた存在だと言える。

一方で、派遣型リフレは法的な実態としてはデリヘルと同様（無店舗型性風俗特殊営業）であり、そこで働く女性は個人事業主である。固定客を獲得するために女性自身が主体性を持ってサービス・営業・宣伝しないとそもそも稼げない。

そしてサービス内容も「とにかく裸になればいい」「本番をやらせればいい」という単純なものではないため、相応の企画力や接客力が求められる。性風俗の世界におけるあらゆる業態の中で、働く女性の側に最も高度な戦略性と主体性が求められる業態だと言える。

ＪＫビジネスは「被害」「搾取」という一面的な枕詞で語られがちであり、そこで働く女性たちは「被害者」「犠牲者」といった受け身の存在としてみなされがちだが、派遣型リフレに限って言えば、その実態は全くの正反対であることが分かる。

ただし、サービス内容の決定権と価格決定権を男性側ではなく女性側が握るためには、女性側の年齢の若さとハイスペックな容姿・性格が求められる。

それゆえに、派遣型リフレでは十八〜十九歳という風営適正化法の枠内で働ける最年少の世代、かつアイドル顔負けの美少女でなければ稼げないし、仮に採用されたとしても指名は取れない。

†二次情報で塗り潰された世界

私がこうした派遣型リフレの世界に関心を持ったのは、児童買春とJKビジネスをテーマにした『見えない買春の現場――「JKビジネス」のリアル』(ベスト新書、二〇一七年)の取材中だった。

当時は児童買春やJKビジネスに関わっている中高生の少女たちの実態を展示した「私たちは「買われた」展」(主催:Tubomi/一般社団法人Colabo)がメディアで大きく取り上げられ、JKビジネスをめぐる報道が過熱していた。

JKビジネスのように、現場で働いている当事者の生の声=一次情報を入手するための手段が限られている世界は、支援団体などの第三者やメディアを介した伝聞情報=二次情報のみで語られてしまう傾向にある。

こうした二次情報には、多かれ少なかれ偏見や誤解が混ざり込む。二次情報に基づく議論を続ける限り、「被害者/加害者」という単純な二元論、「買う男が悪い」「売る女が悪い」といった水掛け論に終始してしまうことになる。

JKビジネスの世界に必要なのは、二次情報から派生した二元論や感情論で誰かや何かを叩くことではなく、現場の一次情報に基づいた議論を重ね、そこから実効性のある処方箋を提示することだ。

そう考えた私は、新書の取材と並行して、ＪＫビジネスに対する一次情報を得るために、必要な情報や人脈を模索した。

その過程で、当時「合法ＪＫナビ」というＪＫビジネス専門の情報サイトを運営していた桑田さんに出会い、ＪＫビジネスの内情に関する詳しいお話を伺うことができた。

ＪＫビジネスの経営者というと、未成年を搾取して儲けているヤクザまがいの強面男性を想像されるかもしれない。

しかしそうした偏見に反して、桑田さんは非常に礼儀正しく、物腰の柔らかい男性である。前職はマクドナルドの店長（！）だったそうだ。

元々は男性客の一人としてＪＫビジネスの世界に関わっていたが、そこから店舗のスタッフとして働くようになり、ＪＫビジネス情報サイトの運営を経由して、最終的に現在の派遣型リフレ「ＪＫＭＡＸ」を創業するに至ったという。

†「未成年、メッチャ怖いです」

桑田さんが派遣型リフレを池袋でオープンさせたと聞き、話を伺いに事務所に向かった。桑田さんは、無造作に積まれている段ボールからペットボトルのお茶を取り出し、床に直置きした紙コップに注いで、私を出迎えてくださった。

話している最中、十代後半に見える女性がドアを開けて入ってきた。知らない顔の男性が事務所にいるのを見て、彼女は若干ひるんでいた様子だったが、桑田さんが「ガサ入れの刑事じゃないので、安心してください」とジョークを飛ばして場を和ませた。

彼女の年齢は十八歳。今年の春、高校を卒業したばかりだという。「万が一、十八歳未満の未成年を雇ってしまったら、私が捕まってしまいますからね。未成年、メッチャ怖いです」と桑田さんは肩をすくめる。

意外に思われるかもしれないが、JKビジネスで未成年が働くことを最も恐れているのは、警察でも高校でも支援団体でもなく、派遣型リフレの店長なのだ。

「JKを商品化するのはけしからん」と語る大人は多いが、実際にJKであることを商品化したがっているのは、他の誰でもない、当のJK自身である。桑田さんの元には、「十七歳なんですけど、働けますか？」というメッセージがツイッターなどで頻繁に届くという。

未成年の少女は、あらゆる手段を駆使して店に潜り込もうとしてくる。二〇一七年七月からの都条例施行によって、十八歳未満の女性は完全にＪＫリフレやお散歩店で働けなくなるため、それまでの間に何とか稼ごうとして、中には身分証明書を偽造して持ってくる少女もいるという。偽造された身分証明書を信じて採用してしまった場合でも、捕まるのは店長の方だ。派遣型リフレの店長にとって、未成年の少女はリスク以外の何物でもない。

派遣型リフレの世界に集まる少女たちがどのような課題を抱えているのか、そしてそれらを解決するために、いつ・どこで・どのようなアプローチをすればよいのかについては、この時点では全く予想がつかなかった。

分からなければ、現場で働いている当事者に聞くしかない。桑田さんの協力を得て、実際に「ＪＫＭＡＸ」で働いている女の子たちにインタビューさせてもらうことにした。

2 「少女」と「大人」の狭間にある金脈

†「清楚系ビッチ」かく語りき

四月二十三日、十九時。天気は大雨。池袋駅東口にある喫茶店で待っていると、ティーン向けファッション雑誌の読者モデルのような恰好の女性が店内に入ってきた。

彼女のお名前はあかりさん。年齢は十八歳で、先月まで現役の高校生だったそうだ。現在はファッション・ヘアメイク系の専門学校に通っている。出身は埼玉で、高校を卒業した年の四月に入店し、週三回勤務している。おおむね一日につき二、三人程度の男性客の相手をして、一人につき二万円くらい稼いでいるという。オプションの金額はその場の空気で決めているそうだ。

あかりさんがリフレを知ったのは、テレビの報道だった。最初は現役の女子高生ばかりが働いているＪＫカフェで働き始めて、それからＪＫリフレに移った。

「ＪＫＭＡＸ」を知ったきっかけはツイッター。オープンしたばかりでまだ歴史がなく、女性もたくさん在籍していたので「ここなら怖くないかも」と感じた。面接の際、仕事に関する詳しい説明を受けた記憶はない。緊張して覚えていなかったそうだ。

現在の目標は、専門学校の学費（二年間で二百五十万円）を自分で稼ぐこと。高校は私立で奨学金を使ったが、親からは「これ以上学費を出すのは無理なので就職してほしい」と言われた。でも学校に行きたかったので、自分で稼ぐことを決めた。

†「自分のやっていることをあまり意識すると病んでしまう」

「ＪＫＭＡＸ」で働く他の女性との接点はなく、事務所のエレベーターですれ違っても、挨拶する程度。面倒臭いので、自分からは声をかけない。

お客さんから「外で会おうよ」と言われることもあるが、実際に会ったことはない。たまに有名企業や専門職など、ちょっといい感じの職業についている男性が来ることもあり、「そういう人がここに来ているんだ」というギャップを感じて面白い。

サービスに関しては、男性客の要望に応える形で進めていく。「くっついていたい」「癒されたい」という要望が多いという。サービス中のことは基本的に覚えていないという。自分のやっていることをあまり意識すると病んでしまうので、考えないようにしている。

ホテルの裏で泣いている子や、客に怒られて泣いている子に出会ったこともある。この前は、隣のレンタルルームで怒鳴り声が聞こえてきた。女性と客が「お金を抜いた」「抜いていない」という理由でケンカを始めて、「痛い！」という声も聞こえてきた。怖くなったので、すぐにその場を離れた。

トラブルがあった時に相談できる相手はいない。その理由は、誰かに相談しても自己責任だと言われそうだから。

あからさまに不潔な客が来た場合も「何とか頑張る」という。でも終わった後に愚痴をこぼせる相手が欲しい。「嫌な客に当たった後、ＬＩＮＥをしたら「頑張ったね」と五分以内に返信してくれるような相手がほしい……！」

リフレで働いていることは、学校の友人には絶対に言えない。一緒に働いている友人もいない。

リフレで働く女性はツイッターを活用している人が多い。あかりさんも使っているが、自己ＰＲは苦手だそうだ。出勤情報などのつぶやきはお店が拡散してくれるが、嫌がらせやセクハラのようなリプライが飛んでくることも多い。基本は無視しているが、一度返事をしてしまうと、どんどんリプライが飛んでくるようになってしまう。

†「自分を売って何が悪いの？」

ＪＫビジネスをバッシングしている人たちに対しては、「娯楽を知らない人たちなんだな」と感じている。

「例えばキャバ嬢として売れている子は、自分を見せるのがうまい。すごいなと思う。だから、自分をうまく見せてお金を稼ぐこと自体を叩く人たちはウザイ。「自分を売って何が悪いの？」と思う。あと「楽な仕事だよね」とか言われるのがイヤ。「与えられた仕事をこなすだけの方が、よっぽど楽でしょ？」と言い返したくなる」

将来はアパレル関係の経営者になりたいそうだ。誰かにもらった仕事より、自分で見つけた仕事がしたいという。

ＪＫビジネスを規制する都条例については、「働く場所がなくなっちゃう」と感じた。「規制しても意味なくない？　働く場所がなくなれば、援助交際になってしまうだけでしょ」と疑念を隠さない。

「ＪＫリフレは十九歳くらいまで続けようと思っている。二十歳になったら、キャバか風俗に行くかも。お酒飲めないけど。キャバで十八歳は子どもだと思う。そう考えると、リフレをできるのは子どものうちかなと。風俗に対する抵抗は特にない。働く理由があればそれでいいと思う。でも、だらだらやるとやめられなくなりそう」

学費を稼ぐという目標は、達成できそうといえばできそう。ただ、いつまでＪＫリフレという業態自体が存続するか分からない。お店自体がなくなる可能性もあるので、それが怖いと考えている。

あかりさんは「自分の学費は自分で稼ぐ」という明確な目的意識、そして十八歳にして「与えられた仕事ではなく、自分で仕事をつくる」といった強固な経営者意識を持っている女性だった。

前述のとおり、ＪＫリフレは女性側に相応の主体性がないと稼げない業態だ。そう考えると、あかりさんのような女性が集まるのは必然だと言える。

†リフレの世界で彷徨うみすずさん（十八歳）

間髪を入れずに、二人目の女性が喫茶店に入ってきた。みすずさんは現在十八歳。今年の春に千葉の高校を卒業し、現在は実家から都内の大学に通っている。「ＪＫＭＡＸ」に入ったのは先月。高校を卒業してすぐに働き始めた。今は週に三、四回程度、平日は学校の終わった夕方、土日は昼から出勤している。大学の友達にはリフレで働いていることは言っていない。

高校時代はコンビニや飲食店など、普通のバイトをしていた。リフレを知ったきっかけは、一つ年上の友達が働いていたから。「風俗と違ってお客は自分で選べるし、嫌なことは断れるから楽だよ」と聞いていた。

実際に働いてみると、確かに嫌なことは嫌だと言えるが、できることが多いほうが売れるという現実に直面した。

一応ツイッターのアカウントを作っているが、みすずさん自身はあまり宣伝が得意ではない。ＬＩＮＥはプライベートで使いたいので、ツイッターだけ。お客は三十代くらいのサラリーマンが多い。それほど若い人は来ない。

「ＪＫＭＡＸ」の面接では「基本的にうちは自由。本指名をとってきてください」と説明された。現時点でリピーターはそれほど多くないので、悩んでいる。

指名を増やす方法は人それぞれだし、他の人のやり方が参考にならないわけじゃないけど、自分でやり方をみつけないといけない。お店の人とあまり話す機会がないので、一緒に入った友達に「どうしたらいいかな」とは聞いている。

これだけ稼ぎたい、という目標金額は特にない。地下アイドルのライブに行くのが趣味なので、稼いだお金はそのために使っている。前述の友達とも、地下アイドル関係で知り合った。チェキは一枚千円で、ライブも多いので結構お金がかかる。以前は普通のバイトを掛け持ちしていたが、限度がある。

金払いが良く、話の面白いお客に当たると「頑張ろう」と思える。いきなり「いくらでここまでしてほしい」と具体的な金額やサービスの話を切り出されても困る。それよりもまずお互いに話して、どういう人か分かると楽しく接客できるそうだ。

嫌な客に当たった場合、「何もできません」と伝えて、とにかく時間が過ぎるのを待つ。終わった後は友達に愚痴を聞いてもらって、お店に伝えてその客を出禁にしてもらう。

†「ちゃんとお金をくれれば、頑張れる」

派遣先は池袋のエリア内で、レンタルルームか狭めのビジネスホテルが多い。ラブホは高いのであまり行かない。いずれも事務所から歩いて行ける範囲がほとんどだという。

オプションの設定は、友達から「これはこのくらい」と聞いて、なんとなくの相場で決めている。ハグは無料でもいいと考えている。女性がサービス中にいちいち「このオプションはいくら」と金額を伝えてくるのは感じが悪い、と客から聞いたことがあるので、自分から積極的にオプションの利用を勧めることがあまりできていない。「その分、稼げないとは思うけど……」とみすずさんは苦笑いする。

初めてリフレに来た客の中には「手をつなぎたい」「添い寝してほしい」という人もいるが、「どうしていいかわからない」という人もいる。

そういう人に対しては、何をしたいのか聞いた上で、「手で抜いて（射精させて）ほしいという人が多いですよ」など、可能なオプションの例をいくつか提案する。

実際にお客からのリクエストの多くは、「マッサージして」ではなくて「手で抜いてほしい」というもの。手で抜くのは一万円に設定している。一人当たりのオプション代は、高くても合計で二万円くらい。

手で抜くのはそれほど難しくない。ローションは使わないけれど、そんなに大変ではない。何人かの女性が入れ替わって接客する回転コースで、自分の持ち時間が三十分の場合、射精すれば客は満足するので、楽といえば楽。

「本番がしたい」という客は非常に多いが、「無理です」「処女なので」と伝えて断っている。本番できる子（してしまう子）がいるから、そう言われるのかもしれない。客の間の噂やネットの掲示板などを見ると、本番をやっている（らしい）子はやはり人気がある。自分は本番はしないと決めているので、掲示板に書かれることはない。

「本番はしないけど、それより手前は人による」とみすずさんは語る。「ちゃんとお金をくれれば、頑張れる」とのこと。お金を出し渋る客に当たる可能性があるので、そういうことがないように、最初にお金をもらってからサービスを始めるようにしている。

今のところ盗難や盗撮、ストーカーの被害に遭ったことはない。盗撮防止のために、お客がスマホをどこにおいたかは確認している。危険な目に遭った時にどうするかは、店からは何も言われないので、友達と「こうした方がいいよね」と話すことはあるそうだ。

†「自分はリフレにはあまり向いていない」

待機部屋がないので、他の女性とは会う機会がない。他の女性に対するライバル意識は若干あり、店から推されている人を見ると「自分も頑張らないと……」と思う。

ただみすずさん自身は「自分はリフレにはあまり向いていない」と感じているそうだ。キャバクラも考えたことはあるが、夜に働くのは学校との両立を考えると難しい。実家暮らしであり、周りにやっている人もいないため、働くイメージが湧かない。

性風俗にも抵抗がある。全てのサービスがコースに入ってしまっているので、嫌なサービスがあっても断れないからだ。

「でもやっていない人からみれば、リフレも風俗も一緒だと思います。友達や親には言えない時点で、同じですよね。これからもリフレでやっていけそうな気はするけど、お客さんがつかなければ時間の無駄。二十歳になったら、あるいは普通に働いた方が稼げるというレベルになったらやめると思う。年齢的にも働けるのは十代のうちだけ。若い子が入ってくれば需要はなくなると思います」とみすずさんは語る。

「自分はリフレにはあまり向いていない」と語るみすずさんだが、それでも最近は、週に八〜十万円弱は稼いでいるという。新人の時はたくさんお客が入るため、さらに稼いでいたそうだ。「これだけ稼ぐと、もう普通のバイトができない……」とこぼしていた。

†「見えない魔球」をどう打ち返す？

世間一般に流通しているJKビジネスのイメージ＝「悪い大人たちによって騙された貧困少女たちが、性的に搾取されている世界」とは百八十度異なり、派遣型リフレの世界は「必ずしも貧困ではない少女たちが、積極的かつ自覚的に自らの性をきめ細かく商品化して、荒稼ぎしている世界」だといえる。

彼女たちは全員が貧困少女でもないし、必ずしも救いや関係性を求めているわけではない。学費や趣味のために、淡々と働いているだけだ。

客も「本番させてほしい」と口では言うが、強要まではしない。法令を遵守して営業している店舗に関しては、通常のデリヘルと同様、性暴力や性的搾取が蔓延しているわけでもない。

言うなれば、派遣型リフレは「見えない魔球」だ。サービス内容や料金自体が見えない＝ホテルの密室内での交渉で決定・実施されることに加えて、そこで働く女性や客のニーズ自体も見えづらい。こうした二重の見えづらさが、二次情報の蔓延に拍車をかけている。

しかし、あかりさんへのインタビューでも語られていた通り、派遣型リフレで働く彼女たちがリスクの高い環境で無防備な状態に置かれていること、そして被害や不幸を未然に防ぐために何らかの支援が必要であることは、火を見るより明らかだ。

必要なのは、「見えない魔球」に翻弄されることではなく、その実態を正確に捉え、社会という名のバックスクリーンに打ち返すための対策を練ることであろう。

3 JKリフレ嬢の実態

†立ちはだかる「二十歳の壁」

派遣型リフレには、大きく分けて三つのリスクがある。

一つ目は、接客に伴う身体的なリスク。盗撮、ストーカー、性感染症、本番強要などの性暴力被害だ。いずれも、どれだけ女性側が注意や努力をしたとしても、決してゼロにすることのできない固定リスクである。

店長一人で運営している店舗の場合、仮にホテルの部屋でトラブルが起こったとしても、すぐに助けにいくことはできない。

そして前述の通り、派遣型リフレは個人営業に限りなく近い業態であるため、接客中に起こったトラブルは基本的に全て自己責任となる。オプションによってデリヘル以上の金額を稼げる反面、トラブルが起きた場合のダメージは大きい。

二つ目は、メンタル面のリスク。待機部屋のない派遣型リフレでは、基本的に女性は単独行動である。接客中に嫌な目に遭って気分が落ち込んでも、LINEですぐに相談できるような友人がいない場合は、自分一人で問題を抱え込むしかない。

三つ目は、「二十歳の壁」というリスク。これまでの女性たちの語りからも分かるように、リフレで破格の売上を手にできるのはせいぜい二十歳前後までだ。

そして、そのことは現場で働く女性たち自身が誰よりも強く自覚している。二十歳前後で金銭感覚が狂ったまま、セカンドキャリアどころか社会人としてのファーストキャリアすら積むことができずに、そのままずるずる性風俗の世界に流れ込んでしまう人もいるだろう。「いつまでもリフレを続けたくはない」「いつかはやめたい」というニーズは確実に存在している。

こういった三つのリスクから考えると、被害に遭った時や悩みを抱えた時、「二十歳の壁」に直面した時（直面する前）、リフレで働いていることを隠さずに相談できる窓口が必要なのかもしれない。

もちろん「被害に遭うのは自業自得」「セカンドキャリアなんて自己責任だろう」という意見もあるだろう。

しかし派遣型リフレのように、ＪＫビジネス類似行為が行われている世界がこれからもなくならないのであれば、必要なのは誰かを裁いたり叩いたりすることではなく、その世界で生じるリスク＝被害や不幸を最小限に食い止める仕組みを作ることだ。

いくら「売る女が悪い」「買う男が悪い」といった水掛け論に終始したところで、現場の不幸は一ミリも減らせない。

†「彼女たちが一番欲しがっているもの」を探す

一方で、派遣型リフレで働く女性たちに対して、ただ「専門家が話を聞きますよ」「理解のある大人が、相談に乗りますよ」などと伝えるだけでは、おそらく誰も反応してくれないだろう。大人の都合や善意を押し付けるだけでは、彼女たちとつながることは不可能だ。

こちら側の思い込みを排した上で、まず「彼女たちが一番欲しがっているもの」が何かを理解し、それを提供することで信頼関係を構築するというステップが必要になる。

それでは、派遣型リフレの世界で働く彼女たちが「一番欲しがっているもの」とは、一体何なのだろうか？

桑田さんによれば、派遣型リフレで働く女性は地下アイドルやホスト、バンドにハマっている人が多いそうだ。

彼女たちが求めているものは、支援団体や福祉関係者の考えているような「理解ある大人とのつながりやふれあい」などではなく、そういった疑似宗教的な対象から与えられる承認や関係性だという。

しかし、「彼女たちが一番欲しがっているもの」は、必ずしもそういった対象だけではないはずだ。

移動や待機中、接客などの現場で発生する細かなニーズをくみ取り、それらを満たすような仕組みを設計することができれば、そこから彼女たちと細く・薄いつながりを築くことができる。そのつながりを軸にして、必要なタイミングに応じて支援を届けること自体は、十分に可能だろう。

そこで「彼女たちが、派遣型リフレで働く上で一番欲しがっているもの」を把握すべく、引き続き桑田さんにご協力頂いて「ＪＫＭＡＸ」で働く女の子たちへのインタビューを継続することにした。

以降のインタビューでは、弁護士の安井飛鳥さんに同席して頂いた。安井さんは、弁護士の他に社会福祉士と精神保健福祉士の資格を持つソーシャルワーカーでもある。司法・福祉双方の知見を活かして、非行少年や不登校、児童虐待、社会的養護出身者や少年院出院者の個別相談など子どもに関する案件を専門に扱い、児童相談所の非常勤嘱託弁護士としても勤務されている。

児童福祉法における「児童」の範囲（十八歳未満）からは外れるが、社会的には大人として扱われない「制度の狭間」＝十八〜二十歳の世代が集う派遣型リフレの世界へのアウトリーチの仕組みを設計する上で、非常に頼りになる専門家だ。

「ＪＫビジネスの世界に対する司法・福祉的観点からのアウトリーチ、私の活動・関心領域のまさにど真ん中の分野なので、ぜひ協力させてください」と快く協力を申し出てくださった。

†「ストーカーされることもサービスの一部」と語るひなさん（二十歳）

池袋駅東口近くの喫茶店でインタビューに応じてくださったひなさんは、「もう二十歳になってしまったので、十八歳の子とは違いが歴然ですね……」と自虐的につぶやいた。現在は学校には通っておらず、主にリフレ一本で生計を立てているそうだ。

ひなさんがＪＫリフレの存在を知ったのは、高校生の時に見たテレビの報道がきっかけだった。実際にこの世界に入ったのは、高校を卒業してから。そのせいか、アンダー（十八歳未満）で援助交際している女子高生を見ると、「オーバー（十八歳以上）になってからやれ！」とイラっとするという。

最初は見学店に入り、そこから店舗型リフレに移った。いわゆる裏オプ＝本番が常態化している店舗に在籍していたこともある。現在の「ＪＫＭＡＸ」は四店舗目。

リフレに関しては、「脱がずに稼ぐのが仕事」であると考えている。ただ客からのオプションの要求は、断って険悪な雰囲気になるのが嫌なので、基本的には断らない。ストーカーされることもサービスの一部（！）だと考えている。

池袋から自宅に帰る途中、尾行してきた客が電車の同じ車両まで乗ってきたこともある。

尾行を撒くために、自宅の最寄り駅とは異なる駅で、扉が閉まる直前に降りた。

見方によっては非常に危険な目に遭っているが、ひなさん自身は「リフレは「完全に割り切っていない感」を出すことが仕事」だと考えている。

危険な目に遭わないような予防策、もしくは危険な目に遭った際にすぐ相談できる窓口の提供が「彼女たちが派遣型リフレで働く上で一番欲しがっているもの」だろうと予想する人は多いと思うが、そういったリスクを織り込み済みで働いているひなさんの話を聞くと、必ずしもそうではないのかもしれない。

仕事ではあまり悩むことはないそうだが、「リフレの現場で盗撮が発生した場合にすぐに専門家に相談できる仕組みがあれば、世間にもそれが伝わって、一定の抑止力になるのではないでしょうか」と語る。「自分が助かる」のではなく、「抑止力になって他の子たちが助かるはず」と語るひなさんは、どこまでも客観的だ。達観しているようにも思える。

「仲良しさん」＝本指名の客に対しては、ツイッターの顔出しのアカウントを知らせている。リフレをやめた後も、今の本指名客たちとは付き合っていこうと考えている。

ネットの掲示板には根拠のない誹謗中傷が書かれていることが多いので「見てはいけない」と感じているが、どうしても我慢できずに見てしまい、そして落ち込む……ということを繰り返している。

それでも、ネット上の誹謗中傷については、男性客が「オキニ隠し」＝自分のお気に入りの女の子が他の客に知られて予約が取りにくくなることを避けるために、あえて書いているのかもしれないと考えている。

「最近は、道行く男性が皆お客に見えるようになりました。実は、メンがヘラっているんですよ」と苦笑いしながら語るひなさんは、パニック障害も抱えているという。

性風俗もそうだが、ＪＫビジネスの世界では、働くリスクを深く自覚しないほうが稼げる場合がある。ひなさんのように様々な店舗で場数を踏んで、無意識のうちにリスクマネジメントができるようにならなければ、そもそも長くは働けないのかもしれない。

ひなさんは、リフレで稼いだお金の一部を実家の弟と妹に仕送りをしている。最近、弟にはニンテンドースイッチを買ってあげたそうだ。「みんなで家族旅行に行くこともあります。家族は大切にしたいです」と笑顔で語った。

†関西から出稼ぎに来ているゆずさん（十九歳）

十九歳のゆずさんは、滋賀県大津市出身。高校中退後、通信制の高校に入り直し、そこで知り合った友人の紹介で、高校卒業後の四月にリフレで働き始めた。最初のお店は店舗型だったが、それ以降は全て派遣型で働いている。現在の「ＪＫＭＡＸ」は五店舗目。友人が他の店に移った時に、ゆずさんも一緒に移ることが多いそうだ。

現在のファッションは、いわゆる「量産型リフレ嬢」の格好にあえて合わせている。関西のリフレでは比較的ギャルの格好をした子が多いが、東京では量産型の格好をした子が多いという。

今はリフレ業一本で、大津から一週間東京の友人宅に泊まり込んで、池袋で出稼ぎをしている。稼いだお金は主に地下アイドルに使っているそうだ。

男性客から寄せられるリクエストには、「寄り添いたい」「身体を密着させてほしい」というものが多い。そして、最後はゆずさんの手による射精を求める。二十～三十代の男性だけでなく、七十代の男性が来たこともあった。その男性はサービス時間中、ずっとゆずさんと一緒に寝ているだけ、という遊び方だった。

リフレで働く中で怖い思いをしたことは、今までない。ただ金銭感覚が狂うのが難点なので、将来は二十歳でやめて結婚したいと考えている。今のところ、友人はリフレ仲間しかいない。大人との接点はないし、特に必要もないと感じている。ＪＫビジネスをめぐる報道や今回の都条例による規制に対しても、特に興味はない。

ゆずさんのように、リフレ以外に友人のいない女性、及びリフレで働いていることを誰にも話していない女性は多いと思われる。

そうした女性たちは、お金を払って十代の少女との添い寝を求める中年男性、挨拶代わりに本番を求める中年男性、店長やスタッフといったＪＫビジネスの業界内にいる中年男性といった、極めて偏った属性の大人としか接する機会がない。

客観的に見れば、彼女たちに必要なのは「リフレ仲間以外の同世代の友人の確保」あるいは「業界の外にいる真っ当な大人とのコミュニケーション」である。

しかしゆずさんの語りにもあるように、それらは彼女たちにとって「どうしても今すぐに欲しい」ものではない。

それでは、彼女たちが「どうしても今すぐに欲しい」と感じているものは、一体何なのだろうか？

†「釣り広告」に騙されて参入したゆみかさん（二十歳）

二十歳のゆみかさんは、今年の四月に「ＪＫＭＡＸ」に入店した。都内の実家で暮らしながら、ダンスの専門学校に通っている。ダンスはあくまで趣味で、仕事にはしたくないと考えている。街を歩けば誰もが振り返るような美しい容姿のゆみかさんだが、彼氏はこれまで作ったことがないそうだ。

ＪＫビジネスの世界には、いわゆる「釣り広告」に騙されて参入した。「レンタル彼女」の求人広告＝「男性とお話するだけでＯＫ。一切脱がない・触られないお仕事です」というコピーを見て応募したのだが、実際の仕事内容は派遣型のリフレ店だった。

一人目に指名された客は最悪で、サービス開始直後から終了まで、ひたすら本番を要求し続けてきた。通常であればその時点ですぐに嫌気がさしてやめると思うのだが、ゆみかさんはやめなかった。実際にお金を稼げる仕事であることが分かったからだ。

オプションに関しては、「病気に感染するリスクのあるハードなサービスはしない」という基準を自分の中で設けている。主に客に紙パンツをはいてもらって全身をマッサージをすることが多い。紙パンツは池袋のドン・キホーテで事前に購入してホテルに持参する。

本番をしたがる客に対しては、ゆみかさんの方から「本番はできないけれど、こういうサービスはどうですか？」と提案するそうだ。客が本番以外の楽しみ方を知らないのであれば、女の子が教えてあげる必要がある、という発想だ。

マイクロビキニを着て、客から「逆リフレ」＝マッサージをしてもらうこともある。最中に乳首や性器に触りたがる客も当然出てくるが、そこはうまく態度や言葉であしらう。リフレは「客をうまく教育できる」女性が稼げる世界だと言える。

今のお店は待機部屋がないが、ゆみかさんは「居場所感」のある集団待機のほうがいいと考えている。普段はマクドナルドやルノアール、サンマルクカフェで待機していることが多い。「JKMAX」では、女性が事務所に出勤した際に、その日の服装を撮影してツイッターの店の公式アカウントで拡散しているので、外待機中にお客に会わないか、バレないかどうかも不安だという。

待機中はいつお店からの連絡が入るのか分からないので、絶えずスマホをチェックしていないといけない。すぐにスマホの充電が切れるため、一日に三回は充電しなければならず、そのため外待機の場所は、電源とWi-Fiのあるカフェがベストだそうだ。

前の店では「ランカー」＝指名ランキング一、二位を常時キープしていた。ただ、人気が出ると他の女性から嫌がらせをされるようになった。掲示板で特定の女性を叩いているのは、実は同じ店の女性が多いという。

その店は、在籍している他の女性の盗撮動画（それも本番行為の最中）がネット上に流出し、怖くなってやめた。動画の流出に対して店が何の対応もしなかった点も、退店を決めた要因になったそうだ。

リフレは風俗に比べて客足が不安定であり、客の入る日とそうでない日の差が激しい。忙しい時は、同じホテルの中で部屋を移動するため、長時間ホテルの外に出られないこともある。不安定なリフレの世界で稼ごうとすると疲れるので、あくまでマイペースを心がけている。稼げない友人はソープやデリヘルに行ったらしい。

リフレは、来年学校を卒業するまで続けたい。親バレを防ぐため、新しい服を買ったら古い服を一着捨てて、数を合わせる工夫をしているそうだ。

釣り広告に騙されて業界入りしたにもかかわらず、ゆみかさんは「リフレの仕事に出会えてよかった」と語る。ＪＫビジネスを批判しているＮＰＯやメディアに関しては、「私たちのことを心配してくれるのは嬉しいけど、正直ありがた迷惑」だと感じている。

「派遣型のようなハードサービスのない、店舗型のリフレでしか稼げない清楚系の女の子たちもいます。規制が強まると、そういった子でも安全に働ける場がなくなってしまいますよね」

†二次情報を排除し、一次情報ベースで考える

派遣型リフレで働く彼女たちが「どうしても今すぐに欲しい」と感じているものはなにか。ゆみかさんのインタビューを終えた時点で、私の中ではっきりと答えが見えた。

前述のとおり、それは「性暴力被害やストーカーの相談窓口」でもなければ、「リフレ以外の場所での友人の確保」や「理解ある大人との関係性」でもない。

それでは「彼女たちが、派遣型リフレで働く上で一番欲しがっているもの」は、一体何なのだろうか？

ここまで彼女たちのインタビュー＝一次情報をお読みくださった読者の方ならば、お分かりだろう。答えは「スマホを充電できる場所」だ。

求人応募から宣伝・集客、出勤報告からホテルへの移動、退勤に至るまで、全てがツイッターやＬＩＮＥ上のやりとりで完結する派遣型リフレの世界では、スマホは彼女たちのライフラインになっている。

スマホの充電が切れた時点で、店との連絡は取れなくなり、指名も入らなくなる。スマホのマップが使えなくなってしまうと、場合によっては自分が今どこにいるのかすら分か

らなくなってしまう。結果的に、その日の仕事は強制終了となる。

「スマホの電池が切れると死にたくなる」と語る女性もいた。三メートルの延長コードを常時持ち歩き、建物の中でコンセントを見つけ次第挿し込んでいるという猛者もいた。桑田さんによれば、事務所に入ってくると同時に、挨拶もそこそこに充電器のコードを部屋のコンセントに差し込む女性も多いという。

だとすれば、スマホを充電できる環境を用意して、そこに軽食やドリンクを並べておけば、自然に女性たちは集まってきてくれるはずだ。これだけのシンプルな仕組みで「見えない魔球」を捉えることができるのであれば、まさにコロンブスの卵である。

「被害に遭った少女を救済」するわけでも「貧困少女を支援」するわけでもなく、ただ彼女たちがスマホを充電する場を提供し、その中で仕事の愚痴を聞くこと。

二次情報に基づいたイメージやファンタジーに合わせるのではなく、あくまで当事者の声＝一次情報から導き出された形で仕組みを設計することができれば、これまでの「ダメ。ゼッタイ」に終始する啓発とは全く異なる角度・深度から、彼女たちへのアプローチを行うことができるはずだ。

4　「楽屋」に集う彼女たち

初回の開催は、六月十八日（日）十四時から十九時の間、ＪＲ池袋駅東口の貸会議室にて行うことにした。休憩スペースの名称は、モデルやアイドルに憧れている女性が多いことから、「リフレの楽屋」と命名した。どれだけの人数が来るのか予想がつかなかったため、ひとまず四人部屋を用意した。

「外待機に疲れた女子、全員集合！」というコピー、及び会場案内を記載した告知用のチラシを作成し、桑田さんのご協力を得て、当日出勤する女性にチラシの画像をＬＩＮＥで配信してもらった。

部屋のテーブルにスマホの充電器、ハイチュウなどのお菓子、ドリンクを並べて、いざ営業開始。安井さんと一緒に、椅子に座って女性たちの来訪を待った。

あっという間に一時間が経過したが、まだ誰も来ない。残り時間は四時間。果たして、本当に来てくれるのだろうか。一時間半が過ぎたところで、桑田さんからＬＩＮＥが届いた。

「お客さんが今落ち着いてきたので、女の子がそちらに向かえるようになります。よろしくお願いします」

しばらくして、一人目の女性が入ってきた。椅子に座った彼女は、挨拶もそこそこに、すぐに手持ちのスマホを充電器に差し込んだ。

一人目が来ると、次々に他の女性がやってくるようになった。女性同士の会話は基本的にあまりない。話し好きな女性同士、波長の合う女性同士はそれなりに話すが、相性の悪そうな女性がそろうと無言になり、どちらかが退室していく。座席が四つしかなかったため、圧迫感を感じるという理由もあったのだろう。

スマホの充電に対するニーズは、予想通り非常に高かった。繁華街・池袋の街中でも、充電可能な場所は意外と少ないようだ。「充電のできるサンマルクカフェに何度も入っているので、一日で千五百円もかかるんですよ」と嘆く女性もいれば、「ワンコインでこうしたスペースが利用できるのならば、もうオアシスです……！」と語る女性もいた。

お菓子については、「カロリー調整を気にしているから」「お客さんからもお菓子をよく貰うので」といった理由で、あまり手をつけない女性が多かった。お客から差し入れをもらった際は、喜んでもらうため（次回の本指名獲得につなげるため）その場で食べることもあるそうだ。そうした不慮の事態に備えて、あえて空腹にしている人もいるのだろう。「食べてしまうとお腹が出てしまうので、接客前は食べない」という意識の高い女性もいた。確かに、これから男性客の前で生着替えをしたりマイクロビキニを着たりする必要があるわけだから、お腹の出具合に気を遣うのは当然だろう。しかし、ハイチュウだけはどの女性にも人気だった。

「楽屋」を訪れた女性たちには、アンケートを記入してもらった。女性たちからは、「待機時間の合間に食事を取らないといけないので、軽食（ラーメン・レトルト食品等）になるものがあると嬉しい」「お湯の出るポットとヘアアイロンが欲しい」「冷蔵庫や荷物置き場（ロッカー的な）があると助かる」などの声が届いた。

†「普通の仕事に戻れる自信がない」

楽屋を訪れた女性の中でも、めいさん（十九歳）は話し相手を欲しがっていたようだった。

「ＪＫＭＡＸは、話し相手がいないので辛いんですよ～」と嘆くめいさんは、大学に通いながら芸能関係のスクールに通っている。ボーカルやダンスなどのレッスン費用のためにお金が必要だが、スクールには親には内緒で通っており、また親からの縛りを受けたくないので、リフレで稼いだお金を学費に充てている。

ＪＫビジネスの世界に入ったのは十八歳から。きっかけは、友達がやっていたから。最初は店舗型で働いていたが、規制の強化や客数の減少によって、裏オプをしていない店は稼ぐことが難しくなってきた。熱心に指名してくれていた固定客も相当な額の借金をしながら通っていたことが判明し、そろそろ潮時だと思って、店舗型から派遣型に働く場所を変えた。

「店舗型はなんだかんだいって店が守ってくれるけれど、派遣型ではそれがないのが怖い。店舗型を規制するのは危ないと思う。リスクがあるからこそ稼げるという面もあるから、仕方ない部分もあるけど……」とめいさんは話す。

また「励ましてくれる先輩や仲間がいないのも辛い」と語る。気分が落ち込むと「今日はもう早上がりしようかな……」と考えてしまうそうだ。

そろそろ就職活動を考えないといけないが、普通の仕事に戻れる自信がない。大学の友達からも、金銭感覚がおかしいことやお金を持ちすぎていることを度々指摘されている。キャバクラをやっている友達と一緒に、昼の仕事と夜の仕事を掛け持ちでやっていこうかという話も出ている。

「もし時間を巻き戻せるのであれば、ＪＫリフレを始める前の時間に戻って、やり直したいです」

……気がつけば、時計の針は十九時を指していた。終わってみれば、五時間で七名の女性に来訪してもらうことができた。

「どんな結果になるか全く予想もつかない中での第一回目でしたが、そこそこの人数の利用があり、色々と愚痴を聞くこともできたので、一定のニーズに応える目的は達成できたのかなと思います」と安井さんは語った。

彼女たちがリフレの仕事をする上で第一に必要としているのは、性暴力被害を訴える窓口でもなければ、理解ある大人との関係性でもなく、スマホの充電スポットである。

その差し迫ったニーズを満たした上で、必要に応じて法律・福祉の専門職が相談を受ける仕組み、そして社会につなぐ仕組みをつくることができれば、派遣型リフレの世界で働くリスクをゼロにはできないまでも、かなりの程度減らすことができるだろう。

「見えない魔球」を捉え、社会という名のバックスクリーンに打ち返すことのできる「バット」は、スマホの充電器だった。

帰り際、「まさかスマホの充電器で「見えない魔球」が打てるとは、誰も想像していなかったでしょうね……」と、安井さんと二人で顔を見合わせた。

†感情論に基づく規制、空振りし続ける啓発活動

派遣型リフレで働く女性たちが気軽に立ち寄れる「楽屋」は、都条例の施行される二〇一七年七月一日から、定期的に開催することになった。

そう、種を明かせば、本書の冒頭「はじめに」で書いた楽屋は、店が用意したものではなく、私たちが作ったものだ。

都条例の施行日に合わせて実施したのは、ＪＫビジネスに対する感情論に基づく規制、空振りし続ける啓発活動を繰り返すしかない社会に対するカウンター＝痛烈な風刺の意味を込めている。

十八歳未満の未成年の紛れ込む可能性のある亜風俗の世界は、一九八〇年代のテレクラから二〇〇〇年代の出会い系サイトに至るまで、いつの時代も「児童買春の温床」というレッテルを貼られ、社会的なバッシングや法規制の対象になってきた。

二〇一〇年代のＪＫビジネスも、全く同じ道をたどった。「児童買春の温床」「少女の性的搾取」といったセンセーショナルなイメージだけが独り歩きした結果、「被害者の少女／加害者の男性」の単純な二元論、ＪＫビジネスを利用する男性に対する嫌悪や憎悪といった感情論に基づいて批判をする支援団体や女性たちの声がメディアで大きく取り上げられた。

「実際に現場で何が起こっているのか」についての具体的な調査はほとんど行われず、「そもそもＪＫビジネスとは何か」という定義、「都内にどの程度の店舗数が存在するのか」という状況把握自体が曖昧なまま、そして現場で働く女性や経営者、男性客の声は全く聞き取られないまま、結論ありきの有識者会議が繰り返された。

二〇一七年四月に実施された「アダルトビデオ出演強要問題・「ＪＫビジネス」等被害防止月間」では、警察庁・内閣府・消費者庁・総務省・厚労省・法務省・文部科学省らが様々な啓発事業を行った。

しかし、これだけ関係省庁が一丸となって、膨大な予算と人員を割いて緊急かつ集中的に啓発活動を行ったにもかかわらず、この一ヵ月で寄せられたＪＫビジネス関連の相談件数は、重複分を含めてもわずか十四件だった*（内訳：性犯罪・性暴力被害者のためのワンストップ支援センターが一件、警察庁が八件、法テラスが二件、婦人相談所が一件、児童相談所が二件）。

七月の都条例施行によって、ＪＫビジネスの営業には届け出が義務付けられたが、七月二十二日現在、警視庁が「ＪＫビジネス」として把握している七十六店舗のうち、届出をした店舗はわずか五店舗のみにとどまっている。

派遣型リフレに関しては、条例の施行前から風営法の届け出を出してデリヘルとして営業している店舗が多かった。つまり、わざわざ都条例を制定して届出を義務化しなくても、元々大半の店舗は届け出をしていたのだ。

そう考えると、今回の都条例に関しては、政府の被害防止月間のキャンペーン同様、政治的パフォーマンスの側面が強いと言わざるを得ない。

†必要なのは、一次情報に基づく試行錯誤

「JKビジネスで被害に遭っている女の子を助けたい」と考える個人や支援団体にとって、十代の少女たちが自らの意志で積極的にリフレの世界に参入してくること、釣り広告に騙されても、ストーカーに遭ってもリフレで働くことをやめないという事実は、「不都合な真実」以外の何物でもない。

また年長世代の中には、十代の少女は性的な存在であるべきではなく、経済的に自立すべきでもない、という家父長制的なパターナリズムを抱いている人も少なくない。

そうした年長世代にとって、自らの性を商品化して荒稼ぎするリフレの少女たちは、最も見たくない存在だろう。

こうした現実を見たくない人たち、あるいは現実を自分の見たいようにしか見ない人たちにとって、「被害者」「犠牲者」というレッテルは好都合だ。そのため、こうしたレッテルに基づいてメディアで報道が行われ、そこからマッチポンプ的に生み出された二次情報を根拠にした啓発キャンペーンや政治的パフォーマンスが繰り返されることになる。

この悪循環を終わらせるためには、現場で働く当事者たちに直接アプローチすることの

できる場を作り出し、そこで得られた一次情報に基づいて、適切な支援の方法や実効性のある政策の在り方を試行錯誤しながら模索していく以外にない。

こうした視点に基づき、次章では、現在の性風俗産業で中心的な業態となっているデリバリーヘルス（デリヘル）で働く女性たちの一次情報を整理していく。

本章で紹介した派遣型リフレや、マッサージを中心に行うメンズエステの世界は、デリヘルの世界の「入口」として機能している。

建前上、脱がない・舐めない・触られないソフトサービスを行う業態だと喧伝されているため、未経験の女性でも比較的抵抗なく足を踏み入れることができる。

一方で、リフレやエステといった「入口」からこの世界に入った女性たちの一部は、「二十歳の壁」を超えられないまま＝昼の仕事に就くことができないまま、よりハードなサービスを行うデリヘルの世界へと流れていく。

リフレの世界とは異なり、デリヘルの世界では、女性が自らの意思でサービスの内容や価格を決定することは原則としてできない。店によって予め決められた内容・価格でサービスを提供することを求められる。

「入口」の領域を越えて、夜の世界の内側へと踏み込んでいくにつれて、彼女たちの存在、そして彼女たちの抱える課題は、ますます見えづらくなっていく。

次章では、デリヘルの世界で働く彼女たちが抱えている見えづらい課題を、生活・法律相談の現場から得られた一次情報に基づいて整理していきたい。

＊出典：いわゆるアダルトビデオ出演強要問題・「ＪＫビジネス」問題等に関する今後の対策　平成二九年五月一九日　いわゆるアダルトビデオ出演強要問題・「ＪＫビジネス」問題等に関する関係府省対策会議決定案 http://www.gender.go.jp/kaigi/sonota/pdf/avjk_sidai03-01.pdf

コラム

子ども・若者支援と性風俗

安井飛鳥

私は日頃、子どもの相談、特に思春期以降の年代の若者の相談支援を行っている。この年代の若者達の抱える悩みや課題は家族、友人、恋人、障害、貧困、虐待、いじめ、引きこもり、非行、精神疾患、依存症と多岐に渡る。若者たちにある程度共通する傾向として自分自身の悩みを自覚したり言葉にしたりすること自体が苦手、良くも悪くも空気を読むことに慣れすぎている、「普通」であることへの憧れと「普通」になれない自己への嫌悪感、自分に自信がないが一方でプライドもあり「支援」されることへの抵抗、親や大人、社会への不信や諦めといった事情があげられる。彼ら彼女らは世間からは悩みとは無縁な普通の生活をしているように捉えられがちだが、各々が社会の色々なものに影響を受け葛藤を抱きながら日々を生きている。

相談支援といっても彼ら彼女らが抱えるものに対して提供できる支援の選択肢はあまりに脆弱であり、結局何もできず無力さを感じることの方が多い。そもそも支援と呼べるようなことができているのだろうか。できることといえば彼ら彼女らの声に耳を傾け、一緒に悩み続けることくらい。そして背中を押したくなる気持ちをぐっと堪えながら本人が主体となって自己決定して歩みだす過程をただ見守り続けるだけ。若者と向き合いながら私自身も支援者として日々葛藤している。

子ども・若者支援と性風俗の関係は根深く複雑である。幼い子どもの親が性風俗で働いていて子育て支援として関わることもあれば、支援をしていた子ども・若者が性風俗での就労を始めるようになることも。深刻な性被害にあい身も心もボロボロに傷つけられてしまった若者に接することもある。関わり続けてきた若者がそうした被害にあった姿を目の当たりにして性風俗への憤りを覚える。一方で性風俗で働きながら懸命に生き抜く若者、性風俗での出会いや経験を通じてはじめて自分の居場所をみつけることができた若者と接することもある。そんな若者たちからは危うさを感じる一方で強さや尊さを感じさせられる。支援者は性風俗に対して否定も肯定も仕切れないモヤモヤした想いを抱きながら若者と関わり続ける。

大人と子どもの境界はもとより曖昧である。昨今、民法の成人年齢が一八歳に引き下げられたように法令上の区分も絶対的なものではない。大人としての自立した顔と子どもとしての可愛らしさや未熟さが共存した若者たち。そんな若者たちの性に関する自己決定を尊重すべきなのか、弱くて危うい存在として保護を優先すべきなのか。「JK(風)ビジネス」があらわれたことにより適法な性風俗就労と違法な個人売春・管理売春の境界はますます曖昧になり、支援者が依拠すべき規範もまた揺れ動いている。

私が「風テラス」「楽屋」の取組に関わるようになった理由のひとつは、性風俗で働く若者たちに対して感じているモヤモヤを晴らすヒントを得たいというものであった。それは若者たちにできることはないか、若者たちを困難な状況から助け出したいという支援者としての自己満足やパターナリズムの表れでもある。だから相談の現場ではそうした自分の気持を必死で押し殺しながらそこで出会う若者たちの声を聴くことを大事にしている。「風テラス」や「楽屋」の取組を通じてより多くの性風俗で働く若者達と接するようになった。想像以上の多様な事情にモヤモヤは更に強まり価値観は更に揺さぶられている。果たしてモヤモヤが晴れる日は来るのだろうか。

世間的なイメージでは性風俗で働く若者は皆、複雑な生い立ちや家庭環境、深刻な悩みを抱える中で仕方なく性風俗の途を選んだのではないかと考えられがちである。

確かに、私が接してきた若者達の中には貧困や虐待から逃れてきて不本意な形で性風俗就労を始めた若者も少なくない。だが、私が接してきた若者達全員が必ずしもそうしたイメージと一致するわけでもない。もちろん、若者達は「普通」を装うことに長けているため、「普通」にみせているだけで、掘り下げていけばなんらかの精神的な悩みや過去の虐待、性被害がうかがえる若者もいただろう。しかし、それは性風俗で働く若者特有の問題というよりも、もともと現代の若者全般が広く共通して抱えている問題がたまたま相談を通じて可視化されるようになっただけのようにも感じる。裏を返すと「性風俗」というフィルターを通さなければ若者達の抱えている問題は社会から認知されなくなっているともいえる。

昨今、様々な領域において子ども・若者支援の取組が行われるようになった。生きづらさを抱えた子どもや若者に社会の関心が広がるということはとても喜ばしいことである。一方でそうした取組が広がる中でどうしても拭えない違和感を抱くこともある。そうした取組で強調されるのはセンセーショナルで悲劇性を強調した「可愛そうな子ども・若者」というイメージばかりで、支援者達も「可愛そうな子ども・若者」ばかり追い求める傾向にある。しかし、こうした特定のイメージに基づく子ども・若者像ばかりが広がるとそうしたイメージにそぐわない理解されにくい子ども・若者達は社会の関心からますます排除されることにはならないか。実際に子どもの貧困活動の領域ではそうした現象が散見される。子ども・若者支援と性風俗の関係でも同様の事態が生じないかと危惧している。

私が接してきた若者達の中には世間が救おうとしている「可愛そうな子ども・若者」のイメージにはそぐわず、むしろ社会からは冷遇された経験をしてきた若者が少なくない。子ども・若者支援の取組が支援者本位の支援者にとって都合のいい存在を奪い合うための取組と化して彼ら彼女らのような理解されにくい存在の排除を強めるようなことはあってはならない。もちろん、その問いかけは風テラスの取組を行う私たち自身にも常につきつけられるものである。そのことを胸に刻みながら今日も性風俗で働く若者達と関わり続ける。

第二章 「風俗嬢」はこうして生まれる

1　生活保護はデリヘルに勝てない？

一歳を過ぎたばかりの女の子が、おもちゃのゴムボールを持ちながら、テレビでアンパンマンのＤＶＤを観ている。

部屋の白い壁一面には、色鮮やかなクレヨンで描かれた「お父さん・お母さんの似顔絵」が飾られている。

床の上にはカラフルなフロアマットが敷かれ、ディズニーのぬいぐるみやポップな色遣いのウレタンブロックが散乱している。

女の子はテレビの音楽に合わせて、楽しそうに身体を左右に揺らしている。女の子の母親は、そんな娘の様子を微笑みながら見つめている。

一見すると、どこにでもあるキッズスペースの光景だ。

しかしこの光景の裏側には、一般のそれとは異なる点が二つある。

一つ目は、このキッズスペースがデリヘル店の待機部屋に併設されているという点。

二つ目は、母親の女性がこれからその店の面接を受ける予定であるという点だ。

「二十代の若い女性が面接に来たのですが、生活と子育てでかなり困っているようなので、一度風テラスの相談員さんに話を聞いてもらってもいいでしょうか？」

こうした連絡を店のスタッフから受けて、「風テラス」の男性弁護士と女性ソーシャルワーカーのチームが待機部屋に向かった。

風テラスとは、性風俗で働く女性を対象にした無料の生活・法律相談事業である。弁護士とソーシャルワーカーがチームを作り、様々な相談に対応している（風テラス立ち上げに至る経緯は、前作『性風俗のいびつな現場』を参照）。

今回相談を希望された女性の名前は、佐藤優子さん（二十二歳）。セミロングの黒髪に、落ち着いた色調のワンピース。指先のネイルにはラインストーンが光り、身だしなみも綺麗で、一見すると生活に困っているようには全く見えない。一歳の娘さんも一緒だったため、待機部屋に併設されているキッズスペース内でお話を伺った。

優子さんは高校卒業後、在学中から付き合っていた年上の男性と結婚。二年後に妊娠した。しかし、夫は優子さんの妊娠中から態度がよそよそしくなった。他の女性と浮気の関係があったようだが、詳しくは分からない。

そして子どもが生まれた直後に、「都会に出稼ぎに行く」と言ったまま音信不通になってしまった。夫の実家に聞いても消息が分からない。

ひとり親家庭には児童扶養手当が支給されるが、優子さんの場合、まだ離婚はしていないので受給することができない。

そもそも子育て世帯に支給される児童手当も、夫が役所に必要書類を提出していないため、未だに受給していないという。優子さんは「このままでは保育園にも入れないかもしれない」と不安を感じている。

†隠れシングルマザーと風俗

優子さんのように、結婚しているにもかかわらず夫のDVや育児放棄によって、事実上のシングルマザー状態になっている女性は少なくない。

しかし結婚を継続している限り、児童扶養手当はもらえない。児童手当は夫婦のうち所得の高い方（主に夫）の口座に振り込まれるので、子どもや妻の手に渡る前に夫が全額使い込んでしまうこともある。

「隠れシングルマザー」である彼女たちは、離婚しない限り、制度による保護や恩恵を受けられない。デリヘル店の面接には、こうした制度の谷間や隙間に落ち込んでしまった女性たちが、性風俗の仕事に活路を求めて次々にやってくる。

優子さんの話を聞いた風テラスの弁護士は、「裁判を含めた法的手続きを取って、保育園の入園の時期までに離婚を成立させること自体は難しくはない」と説明した。

問題は、そのための弁護士費用が数十万円かかってしまうことだ。優子さんは今月いっぱいで貯金が尽きてしまうような経済状態であり、裁判の費用を一括で支払えるだけの余裕はない。

しかし、生活保護を受給した上で法テラス（国が設立した法的トラブル解決の総合案内所）を利用すれば、実質自己負担なし（償還が原則猶予・免除）になる。

生活保護を受給すれば、お金の心配をせずに離婚を成立させることができる上に、その後の子どもとの暮らしを安定させることもできる。

風テラスの女性ソーシャルワーカーが優しい口調で切り出した。

「優子さんの現在の状況を考えると、一時的に生活保護を受けて暮らしを立て直す、という選択肢もあると思うのですが……いかがですか？」

　すると、それまでうつむきながら話を聞いていた優子さんは、顔を上げてきっぱりと答えた

「生活保護は、嫌です」

†人生の分岐点

　まだ立って歩くこともできない幼児を抱えているにもかかわらず、夫は失踪し、仕事の当てもなく、児童手当も児童扶養手当も受給できずに、貯金も今月中に底を突きそうな状況。

　合理的に考えれば、短期間でも生活保護を受給して最低限の収入基盤を確保した上で、法テラスを利用して自己負担なしで離婚を成立させることがベストだ。それから子どもを保育園に入れて働きに出れば、徐々に生活を立て直していくことができる。

　しかし、優子さんは生活保護は絶対に嫌だと主張する。

「車が使えなくなると、困るんです」

生活保護を受けると、原則として車の保有は認められない。優子さんの住んでいる地域では、車がなければ買い物も育児も仕事も何もできない。

女性ソーシャルワーカーは、「生活保護を受給していても、通勤や通院に必要な場合は、保有が認められる場合がありますよ」と説明した。

「それでも、家族に役所から連絡が行くのが嫌なんです」と優子さんは返答した。

生活保護を受給する際には、「扶養照会」＝申請者の親族に対して、養うことができないかどうかを確認する作業が行われる。

扶養照会が行われれば、生活保護を申請したことが必然的に家族や親戚に伝わることになる。世間体を気にする地方都市では、この扶養照会を嫌がる人は非常に多い。

「家族との仲があまりよくないので、生活保護を申請することは絶対知られたくない。これまでの人生のことを根掘り葉掘り聞かれるのも嫌です。

役所の人が自宅に来たら、「あなたも娘さんも、良い服を着ているんですね」「生活に困っているはずなのに、ロングコートチワワを三匹も飼っているんですね」とか、絶対嫌味を言われると思うんです。また生活保護を受給することで、ペット可のマンションに引っ越せなくなるのも困ります」と優子さんは語る。

優子さん自身は、高校時代にコンサートの単発の日払いアルバイトをしたことがある程度で、これまでの職歴はゼロ。パソコンのエクセルやワードも全く使えない。

扶養照会や資力調査、ケースワーカーの訪問といった「社会的な恥」に耐えながら、不自由な暮らしの中で、生活を立て直す道を選ぶか。それともホテルの密室で、初対面の男性の前で全裸になるという「個人的な恥」に耐えながら、デリヘルで働いて自由な暮らしをする道を選ぶか。

優子さんにとって、そして彼女の娘にとっても、まさにこの瞬間が人生の大きな分岐点だと言える。

風テラスの相談員も、決してデリヘルで働くことを否定するようなことはしない。しかし優子さんが現在置かれている状況を客観的に見れば、デリヘルで働きながら綱渡りのワンオペ育児を続けることよりも、生活保護を受給して離婚手続きを進めた方がいいことは明白だ。

もう一度、丁寧に制度の説明を繰り返した後、女性ソーシャルワーカーは優子さんの目を見つめて、静かに尋ねた。

「……生活保護を受けるのは、絶対に、嫌ですか？」

優子さんは、きっぱりと即答した。

「絶対に、嫌です」

彼女の膝の上では、一歳の娘が無言でスマホをいじっている。

†なぜ生活保護はデリヘルに敗北するのか

「生活保護よりもデリヘルで働くことを選ぶ」という優子さんの選択は、非合理な振る舞いに思えるかもしれない。しかし一見すると非合理に思える選択は、合理的選択の積み重ねによって生まれることが多い。

優子さんの住んでいる地域では、母子世帯に対する生活保護費は、母子加算や児童養育加算を合わせて月額十三万程度だ。

一方、店のスタッフが「彼女の年齢と容姿であれば、月十五万は現実的な数字ですよ」と語るように、デリヘルであれば、月一〇日出勤するだけで十五万は稼げる。

そして、面接時に過去を根掘り葉掘り聞かれるようなこともない。扶養照会や資力調査をされることもなければ、プライベートの空間にケースワーカーが土足で入ってくることもない。

さらに、この店にはキッズスペースが待機部屋に併設されているので、託児所に迎えに行く手間もかからない。子どもを預けながら、空き時間を最大限に活かして働くことができる。そして同じ境遇のママたちと情報交換しながら子どもを育てることもできる。

仕事で困った時には、デリヘルでの勤務経験のある女性スタッフが心身のフォローをしてくれる。各種手当や保育園の申請に必要な所得証明を入手するために、確定申告のサポートもしてくれる。完全自由出勤・現金日払いで、その気になれば四十代後半まで働ける。

当事者の目線に立って合理的に考えれば、「生活保護よりもデリヘルを選ぶ」という選択は、決して非合理なものではないはずだ。

私たちが待機部屋で渡辺奈々さん（二十三歳）に出会った時、彼女は未婚の妊婦だった。

奈々さんは妊娠六カ月の状態で、お腹の子どもの父親である男性を追いかけて地元を飛び出し、生活費と住まいを確保するために、都市部にあるマンション寮付きのデリヘル店の求人に応募した。

しかし何も持たずに地元から出てきたため、入店に必要な身分証明書を用意することができなかった。

デリヘルは即日採用・即日勤務の可能な仕事ではあるが、採用に当たっては身分証明書の確認が法律で定められているため、住民票や学生証などを提示しないと働くことができない。店によっては、パスポートや運転免許証などの写真付きの証明書でないと採用しないところもある。

奈々さんが応募したところも写真付きの身分証明書の提示を義務付けているお店だったため、あえなく面接で不採用になってしまった。だが、身重の彼女を見かねた店長が、内勤のスタッフとして雇ってくれた。現在はお店のマンション寮に住みながら、電話の受付やホームページの更新業務をしている。

　幸いにも、妊婦検診は継続して受診できており、母子手帳も持っているという。出産の際は一時的に地元に里帰りする予定だが、将来はこちらで子どもと父親である男性と一緒に三人で暮らしたいと考えている。しかし、その男性が子どもを認知してくれるかどうか、そして奈々さんと入籍・同居してくれるかどうかは分からない。

　奈々さんは、未婚×妊娠×住まい無し×身分証無しという多重化した困難を抱えており、身体的・精神的・社会的に極めて弱い立場に置かれている。一つでも足場が崩れれば、あっという間に奈落の底まで転がり落ちてしまう危険性がある。

　しかし、「デリヘルで働く」という選択肢を取れば、まさに快刀乱麻を断つがごとく、多重化した困難を一気に断ち切り、普通の生活を送ることができる。

　奈々さんの場合、身分証明書がなかったためにデリヘルで働くことはできなかったが、もし働くことができていれば、「母乳プレイのできる妊婦キャスト」として、より多くの収入を得て生活を立て直すことができただろう。

　つまり複合化した困難を抱えている女性にとっては、デリヘルで働くことが、複雑にもつれ合った困難を断ち切る「快刀」であると同時に、生活を立て直すための唯一の「解答」になるわけだ。

彼女たちがデリヘルの世界に吸い寄せられる背景には、隠れシングルマザーの優子さん、未婚の妊婦の奈々さんのように、多重化した困難が隠れている。

「ホームレス」は、特定の人間や集団を指す言葉ではなく、「住まいのない状態」にあることを指す言葉である。

同じように考えると、「風俗嬢」とは、特定の職種や集団内にいる女性を指す言葉ではなく、「多重化した困難を一気に解決するために、自らの身体や感情を分単位で切り売りする（せざるをえない）状態」にあることを指す言葉だと言える。

以下、彼女たちの抱える多重化した困難を一つ一つ腑分けして、それらの実態を分析していきたい。

2　家族から逃れるために

†とにかく親から逃げたい

「親が死ぬまで、見つからないように逃げ続けながら、風俗で働くしかないのでしょうか」

開口一番、田中絵美さん（三十二歳）は風テラスの弁護士に質問した。

絵美さんは二十代の時、過干渉の親から逃げ出す形で家を飛び出し、性風俗の仕事で生計を立てるようになった。

両親は「薬は毒である」という思想に染まっており、病院に行かせてくれなかった。生理不順やPMS（月経前症候群）があっても、ピルを飲むことはできなかった。いわゆる医療ネグレクトだ。

今のデリヘルの仕事は、絵美さんにとって身体的・精神的にかなりつらいという。それでも実家で親の言いなりの生活をするより、デリヘルで働きながらひとり暮らしをする生活の方がマシだと考えて、どうにかこれまで頑張ってこれた。

しかし、アパートを借りる時、銀行口座を開設する時、入院した時など、保証人として親の同意を求められる場面も多く、そのたびに経済的・精神的な負担が増えた。また親に現住所がバレる恐れがあるため住民票を移すことができず、アルバイトの面接や就職活動で住民票を提出をする際にも気まずい思いをした。

そんな中で、どうにかして生活を安定させようと、指名を増やすために休日にも写メ日記（営業用のブログ）を更新するなどの努力を重ねている。

風テラスには、現住所が親にバレないように住民票の閲覧制限をかけるにはどうすればいいか、という相談をするために訪れた。

†家族が「負債」になる

絵美さんのように、過度の干渉や依存、身体的・精神的虐待を繰り返す親から逃げ出してきて、生活費と住まいを性風俗で働くことでどうにか賄っているという女性は、十代〜二十代前半の若い世代に多い。

親とは十年以上音信がない場合も、未だに「親にばれたらどうしよう」「探偵を使って追いかけてきたらどうしよう」という恐怖におびえて、住民票の閲覧制限をかけてほしいと相談してくる女性もいる。

親のことを思い出すだけで涙が出てきたり、うつ状態になってしまう人もいる。恋愛や結婚にも及び腰になってしまい、独身生活を続けている女性もいる。

現実的には、十数年もの間音信不通だった親がいきなり住民票閲覧請求をして、自宅まで訪ねてくる可能性は極めて低い。

だが親に対する恐怖やトラウマは何年経っても消えないため、「閲覧制限をしてからでないと恋愛も結婚もできない」「まともな会社に就職することはできない」と思い込んでしまう。本来は資産であるはずの親との関係が、完全に負債になっているのだ。

こうした親の振る舞いは、明確な虐待とは呼びづらいグレーゾーンであることが多く、被害を受ける子どもにとっては深刻な問題でも、警察や行政はなかなか対応してくれない。

住民票の閲覧制限についても、過去の虐待について客観的な証拠が乏しい＝身体的な暴力を受けたことを証明する医療機関の受診履歴などがない場合、閲覧制限をかけることは困難である。役所の窓口や弁護士に相談しても断られるケースも多い。

結果として親に悩まされている女性は、親元から逃げ出した上で事務所の所在地を公開していない無店舗型の性風俗店に入店し、店のマンション寮に住みながら働くことが、身の安全と生活の安心を確保するための唯一の選択肢になりがちだ。

事実、若い女性が多く在籍している店では、待機部屋で、「実家を出るためのお金を稼ぎたい」という理由で入店した十八〜十九歳の女性に頻繁に出会う。

皮肉な話だが、家族から排除された女性にとって、デリヘルがある種のシェルター機能、自立支援の機能を果たしているようにも思える。

†家族偏重の弊害

母親がうつ病で実家に戻れない、父親が生活保護を受給しており経済的に頼ることができないなど、家族による助け合い（共助）が期待できないため、あるいは家族を助けるために、性風俗の仕事を選ぶ女性は少なくない。

日本の社会福祉制度は、家族の負担を前提にして設計されていると言われている。生活保護や介護保険制度をはじめ、家族による共助だけではカバーしきれない部分を公助で補う、という発想が根底にある。

そのため、家族のいない女性、及び何らかの事情で家族から弾かれた女性は、制度の恩恵を受けることが難しくなる。たとえ家族があっても、家族内での助け合いがうまく機能していない場合、経済的・精神的に苦しい状態に追い込まれがちである。

共助としての家族が機能不全に陥り、経済的・情緒的安全を保障してくれなくなった時に彼女たちの目の前に浮かび上がってくるのが、性風俗という選択肢だ。

藤原早苗さん（二十四歳）は、家族の携帯代を支払うためにデリヘルで働き始めた。両親と兄弟姉妹の携帯（合計六人分）を全て自分の名義で契約しており、支払いきれずに滞納が続き、裁判所から手紙が届く状態にまでなってしまっていた。

「親との折り合いは悪いのですが、実家を出る気力や経済力がないんです」と語る彼女の腕には、リストカットの痕が多数刻まれていた。

早苗さんのように、親の生活費や借金、兄弟の学費など、自分以外の家族のために性風俗で働いている女性たちに共通することは、「家族からは全く感謝されていない」「むしろ家庭内では虐げられている」ことだ。奨学金や福祉資金を勝手に使い込まれてしまう場合もある。

当の家族は「長女なのだから払って当然」「親きょうだいに仕送りをするのは当然」と

開き直っている一方で、女性本人は「家族から認めてもらいたい」「親に喜んでほしい」と一生懸命頑張っていることもあるので、問題の根は深い。

家族は経済的安全を保障してくれるベースである一方、経済的搾取を引き起こす密室に変わることもある。そうなった場合、血縁は資産ではなく負債に変わる。負債と化した煩わしい血縁を断ち切る「快刀」を求めて、彼女たちは性風俗に集う。

†自宅よりも待機部屋が落ち着く

「待機部屋は夫がいないので、家よりは落ち着くんですよ。他の女の子たちと話している方が息抜きできます」と高橋和枝さん（三十五歳）は語る。

夫は夜になると睡眠薬を酒で喉に流し込み、酔った状態で和枝さんに対して殴る蹴るの苛烈な暴力を振るう。手の骨やあばらを折られて入院したこともあった。

「夫に殴られた」と医者に伝えると警察官がやってきたが、「告訴したらもっとひどい目に遭わされる」と思って訴えなかった。いつ夫から暴力を受けるか分からないというストレスのため精神状態が不安定で、睡眠薬が手放せない。

待機部屋でそのことを他の女性に話したところ、「店長に伝えて、風テラスに相談したほうがいいよ」と忠告された。

安全なはずの自宅では落ち着けず、世間的には危険な仕事と思われているデリヘルの待機部屋が心身の安全を確保できるシェルター代わりになっている。

DV（家庭内暴力）の類型は、物理的な暴力だけではない。「大声を出す」「暴言を吐く」といった精神的な暴力もあれば、「生活費を入れない」「子どもの児童手当を勝手に使い込んでしまう」といった経済的暴力もある。風テラスに相談に訪れる女性の中には「夫の給与明細を見たことがない」と語る人も多い。

西村春香さん（三十八歳）は、夫と娘の三人家族。夫は飲食店を経営していたが、近年は採算がとれなくなり、赤字に転落。春香さんが店の仕事とスーパーのレジ打ちバイト、そして空き時間にデリヘルを掛け持ちして家計を支えている。それに加えて、別居している義父への介護と経済的援助も行っている。住宅ローンもまだ二十年近く残っており、生活は苦しい状態だ。

夫は三年前から病気を患っており、飲食店の経営低迷と相まって、春香さんに対して暴言を振るうようになった。子どもの前でも粗暴な振る舞いをすることがあり、娘も怖がっている。

離婚したいと考えているが、親権は絶対に渡したくない。また離婚を切り出した時に、夫から暴力を振るわれないかどうかも心配だという。要介護の義父を置いて出て行くことへの葛藤もある。

DVの背景には、失業や生活困窮、精神疾患やアルコール依存、育児や介護のストレスなどの多重化した困難が絡んでいることが多い。

そういった問題を風テラスの弁護士とソーシャルワーカーが一つ一つ解きほぐし、解決の道筋を立てた上で、本人が意思決定するための手伝いを行う。

春香さんの相談に対して、まず弁護士は離婚の法的手続きを説明した上で、シェルターなどの生活場所を確保した上で別居に踏み切る選択肢もあること、住宅ローンは自己破産で清算することも可能であることを伝えた。

「各段階で法テラスを利用することができるので、弁護士費用については過度に心配する必要はない」ということも合わせて説明した。

ソーシャルワーカーの相談員は、まず「大変な状況の中、相談にお越しくださりありがとうございました」と、春香さんが相談に来てくださったことへのお礼を述べた。

多重化した課題や困難を抱えた女性は、相談の場に来るまでに、膨大なエネルギーを消費している。誰かに相談するということは、決して簡単なことではない。そのため、まず相談に来てくれたこと自体に感謝の意を示す必要がある。

その上で、相談員は「離婚した場合の夫や義父の生活については、生活保護の利用が可能だろうから、春香さんが心配する必要はない」「生活保護を受けることに関しては、夫や義父のプライドを傷つけるため拒否されるかもしれないが、だからといってそのために春香さんが犠牲になる必要はないはず。自分と娘の生活を大切にしましょう」と伝えた。

「夫の暴言は、彼自身が弱っていることの証です。怒りや大声で相手を脅す人こそ、とても弱っている人。言い換えれば「こんなにかわいそうな俺を立ててくれ」と泣きながら言っているのと同じ。なので、春香さんが傷つく必要はないですよ」

相談員が優しい口調で語りかけると、手を膝に当てて静かに聞いていた春香さんは、目に涙を浮かべながら、うなずいた。

家族による支え合いが機能しなくなると、妻や母親の立場にある女性一人にあらゆる経済的・精神的負担がのしかかることが少なくない。

そんな中、性風俗による収入が、一人では支えきれない家族を支える役割、あるいは壊れた家族から脱出して彼女たちが新しい生活を送るための役割を果たすこともある。

†交際相手からのDV

その一方で、性風俗による収入が、壊れた人間関係を壊れたままで維持する役割を果たしてしまうこともある。

山崎孝子さん(三十九歳)は、お客として出会った年上男性と交際している。二人で同居しているが、男性は仕事をせず、生活費も全く入れてくれない。

アパートは孝子さんが契約をしており、家賃や生活費の全てをデリヘルで働くことで負担している。男性とは別れたいと考えているが、別れを切り出すと暴力を振るわれる。手近にある物を投げたりするため、部屋の壁にはいくつも穴が開いている。

警官が自宅に来たこともあったが、男性から「プロレスごっこをしていたと説明しろ」と言われて、DVであることを伝えられなかった。「怪我をしても、病院に行く暇がないんです。我慢しているうちに治る……という感じです」と孝子さんは表情を曇らせた。

それでも男性とはなかなか離れられずにいたが、最近になって家族の病気が発覚し、看病をするために実家に戻ることになった。この機会に完全に男性と縁を切りたいが、どうすればよいのか分からず、風テラスに相談に訪れた。

DVの場合、女性と男性が共依存関係になっていることがある。暴力を振るわれて入院しても、警察沙汰になっても、いったんシェルターに避難しても、結局別れられずに、また連絡を取り戻って同居してしまう……ということの繰り返しだ。

夫からのDV被害に遭わないよう、子どもたちを全員施設に避難させているにもかかわらず、それでも「いつか夫が変わってくれるかもしれない」という望みを捨てられずに、同居を続けている女性もいた。性風俗で働くことが、交際相手との共依存関係を維持するための手段になっていることもある。

そうした状況下では、支援者側には本人の意思が固まるまで待つこと＝「待つ支援」が求められる。「アザになった箇所を撮影したり、会話を録音するなど、いざという時のために証拠を保存しておきましょう」というアドバイスを伝えた上で、本人の意思が固まるまで、説教や批判をせずに寄り添い続ける。

一方で、今回の孝子さんのように、本人の意志が固まっていれば、やるべきことは決まっている。風テラスの弁護士は、「賃貸借の解約は通常一ヵ月前に申し出る必要があるため、既に実家に帰ることを決心しているのであれば、早目に不動産屋に話をした方がいい」と提案した上で、以下のようにアドバイスした。

まず孝子さん自身が身を寄せる先を確保しておき、男性に直接会わないようにする。その上で、不動産屋に話す際には「交際相手が転がり込んできて困っている」といった形で、孝子さん自身も被害者であると伝える。相手がなかなか出て行かない場合には、追い出しを不動産屋に手伝ってもらうのが安全。電気・ガス・水道をまとめて解約してしまえば、男性が居座り続けるということも生じにくい。

家具や家電などの残置物の処分費用は孝子さんに請求されてしまうので、できる限り荷物は相手がいないすきに運び出しておく方が望ましい。男性が壊した壁の修復費用については孝子さんのところに請求が来てしまうが、通常は敷金に収まる範囲で直せるはず。額が大きくなる場合は分割弁済の交渉も可能である、と伝えた。

孝子さんは「ありがとうございます。これまでなかなか思い切ることができませんでしたが、この機会に勇気を出してやってみようと思います」と力強く返答した。

†男性側の事情

親やDV夫・DV彼氏をはじめ、女性を身体的に傷つけ、精神的・経済的に抑圧する側である家族や交際相手もまた、多重化した困難を抱えている場合がある。

子どもの養育費を稼ぐために性風俗で働いているシングルマザーの中には、「元夫とは二度と関わりを持ちたくないため、養育費は受け取りません」と語る人もいるが、そもそも元夫側も生活困窮や精神疾患、ギャンブルやアルコール依存などの困難を抱えていたり、失業や自己破産によって支払い能力自体がない、というケースも多い。

また既に前妻の子どもに対して毎月養育費を支払っており、これ以上支払先を増やすことができない、という男性も少なくない。

前田恭子さん（二十六歳）の交際相手の男性は、パチンコにのめり込んでお金を使い果たしてしまい、最終的には建設用の資材を転売するために工事現場に盗みに入ったところを現行犯で逮捕された。事件は地元紙に載り、男性は家族から縁を切られてしまったため、保釈金は全額恭子さんが用意して支払った。

現在も、恭子さんが生活費の全てをデリヘルの稼ぎで賄う形で、男性と同居を続けている。地方都市での相談では、デリヘルで稼いだお金を彼氏や元彼の借金返済、あるいは勾留から解放するための保釈金に充てたという女性に何人も出会った。

言うまでもなく、彼女たちには彼らの借金や保釈金を代わりに支払う法的な義務は一切ない。にもかかわらず、彼女たちは「家族から見捨てられた彼を助けられるのは自分しかいない」と考えている。お互いに同じような成育歴や背景を持っているがゆえに惹かれ合うのだろう。

失業や依存症、精神疾患や逮捕歴などの理由で、血縁・社縁・地縁を断ち切られた男性を再び地域につなぎ直すための社会資源は、地方都市ではまだまだ不足しているのが現状だ。生きていくために女性は風俗で働き、男性は詐欺や窃盗などの犯罪に手を染める。

それゆえに、たとえ共依存だとしても、DV被害を受けるリスクがあるとしても、「女性が性風俗で働きながら、男性の生活を丸抱えする」という選択肢しかない、という現実がある。

様々な形で家族やパートナーが重荷になってしまっている彼女たちに、さらに追い打ちをかけるのが「ハウジングプア」＝住まいの貧困だ。

3 「寮完備」「即日入居可能」に惹かれる理由

†彼女たちを苦しめる、住まいの貧困（ハウジングプア）

沢口成美さん（三十七歳）は、二十代後半で離婚して以来、性風俗の仕事で生計を立ててきた。しかし加齢に伴ってデリヘルで思うように稼げなくなり、家賃を滞納するようになった。現在のマンションは家賃が高く、このままでは借金が毎月増えていく。

しかし、成美さんには転居に必要な初期費用を賄えるだけの貯金がない。そして性風俗で働いている単身女性に部屋を貸してくれる大家さんはいないと思い込んでいることもあり、なかなか転居に踏み切ることができない。

家賃に関しては、毎週数千円〜一万円、少しずつ分割払いをしている。そのたびに大家から「早く全額支払ってほしい」と嫌味を言われるため、精神的に非常に疲れてしまう。

成美さんから相談を受けた風テラスの弁護士は「弁護士の受任通知を出せば債権者からの請求は止まるので、その間に家計を見直して積立を行い、そのお金を原資にして転居の準備をしていきましょう」と伝えた。

ソーシャルワーカーは、「引っ越しを検討するのであれば、生活保護の受給や生活困窮者自立支援による補助を利用する方法が考えられます。家賃交渉もできなくはないですが、生活困窮の方が使える福祉サービスとして、社会福祉協議会の行っている生活福祉資金貸付制度の中に転居費用の貸付もあるので、それが利用できるかどうか検討してみましょう」と提案した。

これまで風テラスに相談に来た女性の中には、ルームシェアやシェアハウスで不安定な暮らしをしている人や、家族との関係が悪化してウィークリーマンションに住み続けている人もいた。緊急度の高い人に対しては、一日も早く住まいを確保するために、相談員がパソコンやタブレットで不動産屋を検索して、その場で訪問予約を取ることもある。

家族からの排除は、住まいの貧困（ハウジングプア）に直結する。家賃の支払いだけで収入の大半がなくなってしまう。あるいは住まいを転々としているために仕事が決まらない。そのために経済的困窮から抜け出せず、心身の健康も悪化する一方……という負のループに巻き込まれてしまう。

†「ハウジングファースト」の重要性

こうしたハウジングプアの問題解決に取り組んでいる支援団体の間では、「ハウジングファースト」の重要性が主張されるようになっている。その背景には、現行の生活保護及び住宅支援制度の欠陥がある。

鈴木良子さん(四十一歳)は、住んでいたアパートを家賃滞納で追い出され、ネットカフェのナイトパックを利用しながらデリヘルで働いていたが、いよいよ手持ちのお金が底をつき、役所で生活保護を申請することにした。

役所から勧められた無料低額宿泊所に入所したが、良子さんにとって、その施設の居心地はお世辞にも良いとは言えなかった。

大部屋でのプライバシーのない生活は息が詰まりそうで、不衛生な同居人たちにも抵抗があった。行動の自由も制限され、門限を一分でも過ぎると次の日まで部屋に入れてもらえない。担当ケースワーカーからは「早く仕事を探さないと、生活保護を打ち切りますからね」と詰られる。

「このまま施設に居続けたら、社会から隔離されてしまうのでは……という恐怖感がありました」と良子さんは語る。

毎月の生活保護費から日々の生活費や施設の共益費などを引かれると、手元に残るのは二万円程度。これでは足りないので、良子さんは結局元通りデリヘルで働くことを決意した。デリヘルで貯めたお金で、アパートに転宅することが当面の目標だ。

良子さんのように住まいを持たずにネットカフェを転々としている女性は、まず無料低額宿泊所で数カ月過ごしてからアパートに転宅、という支援の流れに乗せられることが多かった。

特に性風俗で働いている女性の場合、役所の窓口で「今すぐやめなさい」と言われて、施設に入るように指導される傾向が強い。風テラスでも生活保護の同行申請を何度も行っているが、保護課の職員から「まず性風俗の仕事をやめて、施設に入ってもらわないと生活保護は出せない」と言われることも多々あった。

しかし前述の通り、施設の大部屋での劣悪な環境ではそもそも眠れないし、落ち着いて生活すること自体ができない。就労の準備も満足にできない。発達障害や精神疾患を抱えている人にとってはなおさらだ。

結果として、脱走あるいは退所によって再びネットカフェやデリヘルに戻る……ということの繰り返しになってしまいがちだ。

こうした悪循環を終わらせるために、何よりもまず本人が安心して生活できる個室の住まいを提供しよう、という発想がハウジングファーストである。

職員の指導通りに治療や就労を実践した「ご褒美」としてアパートの個室が与えられるのではなく、まず本人にとって居場所となるような個室を提供し、身体と心をゆっくり休めてもらう。その上で、治療や就労の準備へと進んでいく。

従来の支援の順番を逆転させただけとも言えるが、海外ではハウジングファーストの支援に切り替えた方が、結果的に医療費などのコストを削減できるという報告も出ている。

†ハウジングファーストの先駆け

福祉の世界に先駆けて、ハウジングファーストを昔から実施しているのが、水商売や風俗の世界だ。子連れでも即日入居可能なマンション寮を完備しているキャバクラやデリヘル店は、全国に数えきれないほどある。

また児童養護施設や自立支援ホームなどの社会的養護の中で育った十代の若者は、家族の不在や経済的困窮のために住まいを借りることができず、キャバクラやデリヘルなどの寮完備の仕事を選ぶ人も少なくない。良くも悪くも、風俗業界が社会的養護の下で育った若者たちの受け皿になっている現実がある。

永田さくらさん（三十三歳）は、一カ月前から店の待機部屋で寝泊まりしている。シェアハウスや無料低額宿泊所に住んでいたこともあったが、集団生活になじめずに退去。ネットカフェなどを転々としてきたが、お店以外の場所にいると出勤しなくなってしまうので、最近は店長に頼み込んで、朝の九時から夜二十三時まで出勤して、その後待機部屋に泊まるという生活を続けている。

さくらさんのように、無料低額宿泊所よりも性風俗店の待機部屋の方が「自由に過ごせる」「居心地がいい」と感じる女性たちは確実に存在する。

役所から紹介された民間の宿泊所や施設での劣悪な集団生活に耐えかね、再びデリヘルに戻った女性たちの中には、「風テラス？　どうせ生活保護や施設を勧められるだけでしょ」と「学習」してしまっている人もいる。

愛着障害や発達障害、パニック障害などの理由で認知能力や自尊感情が低下していたり、集団生活が困難な女性にとっては、一人で落ち着いて過ごせる時間と空間が必要になる。

プライバシーのない家庭生活や施設生活に耐えられない人が、自らのプライバシーを守るために家や施設を飛び出して性風俗で働く、という現実。

個人のプライバシーを保護する上で、最も隠されるべき性的行為をサービスとして提供することが、一部の女性にとっては、物理的にも社会的にもプライバシーを確保するための唯一の手段になっている、という逆説がある。

4　昼の仕事からこぼれおちる

†中年女性のワーキングプアとデリヘル

「レジ打ちのバイトは時間が拘束されるし、欠勤できないし、時給も低いので無理です」と中島幸恵さん（四十七歳）は疲れた表情で語る。

デリヘルでは、もうかれこれ十五年近く働いている。何度もやめようと思ったが、幸恵さんの住んでいる地域には、スーパーやコンビニのレジ打ちバイトの求人募集しかないため、これ以外に稼げる仕事がない。

幸恵さんは美容師の資格を持っているが、若い頃にブラックな職場で働かされて散々嫌な思いをしたので、もう美容師としての仕事はしたくないと考えている。

しかしハローワークではそのことを何度説明しても「やはり資格を活かして働いてはいかがでしょうか」と言われるので、心底ウンザリしているそうだ。

ハウジングプアの背景にあるのが、ワーキングプアの問題である。ワーキングプアとは、働いていても貧困状態にあること＝働いて得た所得が生活保護基準に満たない状態を指す。正規雇用で働く人が減り、非正規雇用率が四十％を超えている現在、誰もがワーキングプアになりうる可能性を持っている。

そして女性は男性に比べて非正規雇用率が高く、労働市場では不利な立場に置かれがちである。

日本の社会保障制度は、終身雇用の正規雇用者とその家族を基準にして設計されているため、非正規や派遣などの断続的な雇用や職業移動を長年続けている人、及び未婚や離婚などの理由で一人暮らしをしている人は、社会保障の恩恵を十分に受けることができない。

雇用保険や年金保険は、高い保険料を支払える人ほど給付額が高くなる。職を転々としていたり、保険料を断続的にしか支払わなかった場合、給付額は少なくなる。場合によっては給付のための条件を満たせず、支払い対象にならないこともある。そして稼働能力

（働く能力）があるために、公的扶助も受けられない。

†「水」から始まり「風」に流れていく仕組み

制度の狭間に落ち込んでしまった女性たちが生活に困窮した場合、最初の選択肢として浮上してくるのが、いわゆる水商売＝「水」の世界だ。都市部ではキャバクラ、地方都市ではコンパニオンの仕事が挙げられる。いずれも資格や経験は不要、かつ高時給という仕事であり、女性たちのニーズに合致する。

しかし、高時給は必ずしも高収入には結びつかない。キャバクラは夜間の仕事であり、お酒を飲まなければいけないため、翌日に予定を入れられなくなる。コンパニオンは週末や年末年始などの特定の時期に仕事が集中するため、安定して稼げるわけではない。さらに終わりの時間が読めず、学生やシングルマザーは意外と働きづらいという難点がある。

水商売では稼げない・稼ぎ足りない女性は、いわゆる「脱がない・舐めない・触られない」ソフトサービスのエステ店やハンドサービスの店を経由して、最終的にデリヘルやソープといった「風」の世界に流れていく。

岸田朝美さん（二十二歳）も、コンパニオンからデリヘルへの移転組の一人だ。コンパニオンとして採用された事務所がデリヘルも経営していたため、より確実に稼げる仕事としてそちらの店で働くことを選んだ。

現在は、地元から車で六十キロ離れた都市部のデリヘルで働いている。地元にはそもそもデリヘルの店自体がないのと、身元がバレること＝身バレが怖いからだ。

朝美さんのように、身バレを回避するために、地元から客の多い都市部へ「出勤」する女性も多い。同一県内に複数の店舗を持っているグループでは、各店舗の間にワゴンを定期運行して、女性が好きなエリアで働けるようにしているところもある。働く場所を柔軟に選べるのも、「風」の世界の強みだ。

朝美さんは、毎週三回、他の女の子たちと一緒に、地元から都市部までお店のワゴンで送迎してもらっている。

今のところ特に相談したいことはないと語る彼女は「ワゴンに同乗した女の子たちに、風テラスの宣伝をしておきますね！」と微笑んで、待機部屋を出てワゴンに乗りこんだ。

†ワーキングプア×ハウジングプア

岩田桃花さん（二十七歳）は、高校を卒業した後、地元を離れて都市部の食品製造工場に就職。しかし工場の仕事で得られる給料は非常に低く、満足に生活することができなかった。そこで意を決してデリヘルで働き始めたが、月に十五万円を稼ぐのがやっとの状態。思うように生活費が稼げず、家賃も滞納している中で、体調を崩してしまった。もっと働きたい、働かなければ、と思っているのだけれども、「今の自分では無理」「身体が思うように動かない」と感じている。

桃花さんにはパニック障害があり、病院に通いたいと思っているが通えていない。これまで福祉サービスを受けたことはない。生活困窮者の自立を支援する相談窓口に行こうか迷ったが、恥ずかしくて行くことができなかった。

過去に法律事務所には相談したことがある。その際に溜まった債務を毎月二万円ずつの返済という形で整理してもらったが、それも満足に払えていない。前の家の家賃も滞納。その前の家の家賃も滞納しており、合計額がいくらになるのか怖くて確認できていない。親は病気で入院しており、頼れる親族はいない。

桃花さんの話を聞いた風テラスの弁護士は「借金がどんどん増えている状態なので、自己破産を検討したほうが良いですよ」と提案した。

ソーシャルワーカーの相談員は、「障害者年金の受給、自立支援医療の利用等で家計を楽にすることはできるかもしれない。期間限定ですが、生活困窮者自立支援制度で家計を補助することも可能です。生活保護を利用していったん仕事を休み、まずは体調を整えることに専念するという方法もありますよ」と提案した。

血縁（家族）からの排除によって生じるハウジングプア。社縁（正規雇用）からの排除によって生じるワーキングプア。両者が重なると、周りに相談できる人が誰もいなくなるという無縁の状態に陥り、桃花さんのように非常に苦しい状況に追い込まれることになる。

ひとたび困難の多重化という状態に陥ってしまうと、新たな困難を次々に引き寄せるだけではなく、それまで隠されていた困難を顕在化させてしまう場合がある。その一つが、障害の問題だ。

5 働くから病むのか？　病んだから働くのか？

†障害者雇用枠に適応できず、風俗の仕事を選ぶ

谷川佐恵子さん（三十八歳）は、発達障害と双極性障害（躁うつ病）の診断を受けており、障害年金を受給している。物事をその場で正確に覚えることができないため、常にメモを取りながら行動しており、部屋の中はいつも散らかったままの状態だという。

一般企業に障害者雇用枠で採用されたものの、職場では佐恵子さんの障害に対する配慮はほとんど行われなかった。佐恵子さんの腕にはリストカットの傷跡があり、それが周りの人たちに気づかれるのでは、という不安にも常に駆られていた。

結局、ストレスに耐えられず、会社は短期間で辞めてしまった。それ以降、障害者雇用枠で働くことには大きな抵抗を感じている。

障害年金はアパートの家賃でほぼ相殺されてしまうため、二十代の半ばからは出会い系サイトで知りあった男性に食事をおごってもらったり、デリヘルやライブチャットの待機

保証（待機時間に応じて支払われる報酬）を当てにして生活していた。

風俗の仕事は肉体的には重労働だったが、職場での人間関係やチームでの作業がないため、精神的には楽だった。匿名掲示板で、腕の傷についてあれこれ書かれることもあったが、気にはならなかった。周りの友人や実家の母にも、別の仕事をしているかのように嘘をついていた。メンタルの不調により朝ベッドから起き上がれなくなることも多かったため、普通の仕事に就くのは難しいと感じていた。

しかし四十歳に近づくにつれて、出会い系サイトで男性から声がかかる頻度も減り、デリヘルやライブチャットでもあまりにも客がつかないので待機保証を打ち切られることになった。

この仕事から足を洗いたいと考えているが、次にどんな仕事をしたらいいのか分からず、風テラスに相談に訪れた。

主治医からは「メンタル面が落ちている時は大きな選択をしないように」とも言われているため、現在は貯金を少しずつ使いながら生活している状態だという。

ハウジングプアやワーキングプアの背景には、障害の問題が隠れていることがある。多くの場合、軽度〜中度の障害であるため、周囲から理解されにくかったり、現行の制度では十分な支援が受けられないこともある。

発達障害のために報告・連絡・相談をうまくこなすことができず、組織の中で働けないという人もいる。自尊感情が低下しているため、ちょっとしたトラブルやすれ違いで全てを諦めてしまうこともある。

そうした一つ一つの失敗や躓きが積み重なって、孤立が深まっていく。傷ついた時、困った時に助けてくれる相手、もしくは「助けて」と言える相手が誰もいなくなる。

†「性風俗で働くからメンタルを病む」のではない

彼女たちの抱えている障害は、必ずしも先天的なものばかりではない。

昼の仕事における長時間労働によるストレス、上司からのパワハラやセクハラでメンタルを壊して精神疾患を抱えてしまい、結果として性風俗以外に働く場所がなくなってしまった、という女性もいる。

一般的には、「性風俗で働くからメンタルを病む」と考えられているが、それは正確ではない。「メンタルを病んだ結果、性風俗で働かざるをえなくなった」というケースもある。

秋山七瀬さん（二十五歳）は、大学卒業後に就職したアパレル会社で上司からのパワハラを受け、ストレスで体調を崩すようになる。躁鬱傾向と摂食障害の症状（過食）がひどくなったため、やむをえず退職。

摂食障害については医師にきちんと診てもらったわけではなく、ネットで検索して出てきた情報から自己判断しただけだという。

心療内科を受診したところ「うつ病」と診断され、抗うつ薬を処方された。しかしネットで薬の副作用について検索すると様々なネガティヴな情報が出てきて怖くなってしまい、まだ一度も飲めていない。

退職してからは、地元に戻って実家に住んでいる。だが次第に「自分だけが世間から取り残されている」という焦燥感に耐えられなくなってきた。過食嘔吐のため食費がかさみ、複数の消費者金融から借金もしており、何とかして自力でお金を稼ぎたいと思い、デリヘルで働き始めた。

働き始めてからもメンタルの調子は良くならない。思うように出勤できないため、多くても月に十万程度しか稼げない。電車で店まで出勤すること自体が辛いが、当日欠勤が増えるとせっかくのお客さんも遠のいてしまう。出勤する時間も不規則なので、家族にバレないかどうかも心配だ。借金もかさんでいく一方なので、もっとお金を稼ぐために県外の性風俗店に働きに行くべきか、昼の仕事に変えるべきかどうか悩んでいるという。

七瀬さんから相談を受けた風テラスのソーシャルワーカーは、「仕事をどうするかよりも前に、まず心身の健康状態をきちんと医者に診てもらった方が良いですよ」と助言した。摂食障害等の精神疾患の状態によっては、障害年金をもらったり、自立支援医療等のサービスを利用できる可能性がある。性風俗の仕事を続けるか昼の仕事に変えるかは病気や借金の問題を整理してから考えた方が良い、と提案した。

†福祉的就労は性風俗に敗北した？

七瀬さんのようなケースは、決して少数派ではない。高卒後に就職したものの、職場のストレスでうつ病になり、それからデリヘルや単発のバイトなどを繰り返して、気がつけば五十代になっていたという女性もいる。

経済状況が悪化して手持ちの現金がなくなると、多くの人は不安になって冷静な判断ができなくなる。そこに障害や精神疾患が絡めばなおさらだ。

そして経済力の低下は、自尊感情の低下にもつながる。自尊感情が低下すると、長期的視野に基づく思考・判断ができなくなり、今日や明日のことしか考えられなくなる。

そんな女性にとって、「現金日払い」「即日高収入」といった短期的利益の最大化をうたう風俗の仕事は、まさにうってつけだ。

障害者雇用枠や就労継続支援事業などの福祉的就労に比べれば、複雑な申請手続きや面倒な審査もない。そして何より、福祉的就労の月収に匹敵する金額を、わずか数日、場合によっては数時間で稼ぐことができる。福祉的就労は性風俗に勝てないのだ。

また障害を持っているのは、女性自身だけではない。障害のある子どもの世話で限られた時間しか働けないから、短時間で高額を稼げるソープやデリヘルの仕事を選ぶという女性もいる。

生まれつき何らかの障害を抱えている女性、及び後天的に障害を抱えることになった女性、そして障害のある子どもを抱えている女性でも働きやすいように設計されており、かつ最低賃金以上の収入が短時間で得られるという仕事は、性風俗以外にない。

そう考えると、繁華街に乱立している「高収入のお仕事なら××！」といった看板が、誰に対して何を訴えているのか、理解できるはずだ。

6　すべてを解決してくれる仕事

†排除の連鎖が、多重債務の女性を生み出す

家族からの排除、住まいからの排除（ハウジングプア）、安定した仕事からの排除（ワーキングプア）、そして障害に伴う社会的排除。

これらの排除が二重、三重に重なっていくことで、本人の生きづらさと社会的な孤立は強まっていく。

世間的には、女性が性風俗で働く理由＝借金（多重債務）というステレオタイプなイメージがあるが、彼女たちが多重債務の状態に追い込まれる背景には、これまで見てきたような困難の多重化がある。

家族からの排除、住まいからの排除、安定した仕事からの排除、そして障害に伴う社会的排除が「多重債務を抱えて、デリヘルで働き続けるしかない女性」という状態を作り出すわけだ。

「性風俗で働く」はあくまで結果に過ぎない。まず課題や困難の多重化という原因があって、そこから事後的に「性風俗で働く」という状態が生み出されるのだ。

彼女たちに性風俗で働くことをやめさせたいのであれば、そして女性が性風俗で働かずに済む社会にしたいのであれば、道徳的な説教や啓発、興味本位の潜入ルポの生産に終始するではなく、彼女たちを性風俗の世界に引き込んだ原因である困難の多重化に目を向け、それらを一つ一つ解消していくための仕組みを構築していくべきであろう。

†福祉でカバーできない「グレーな困難」

彼女たちが多重化した困難に絡めとられてしまう過程には、決して劇的なドラマがあるわけではない。

「突然の解雇」「身内の急逝」「難病の発症」といった分かりやすい不幸ではなく、日常の小さなすれ違いやいざこざ、家族との不協和など、誰にでも起こりうる些細なことが積もり積もって……というケースが多い。

住まいを失う理由や家を出る理由も、失業による家賃滞納や家族からの虐待・DVといった理由ばかりではなく、「ケンカした彼氏に対する当てつけ」「弟とケンカしたから」など、客観的に見れば「なぜそんなことで」と言いたくなるような理由だったりする。ホストに多額のお金を貢いだり、美容整形を繰り返したり、パチンコやスロットなどのギャンブルで散財してしまうなど、世間的に見れば「どう考えても自己責任」という理由も多い。

また激安店と呼ばれる低価格帯の店で働く女性の中には、過度の肥満体型の人が少なくない。「ぜいたくのしすぎだろう」と思われるかもしれないが、経済的に困窮している人は魚や野菜などの生鮮食品ではなく、糖質や脂質にまみれた栄養バランスの悪い高カロリー食品を食べ続けざるを得ないため、結果的に肥満してしまう傾向がある。

過度の肥満体型の人の中には、歯がボロボロになっていたり、糖尿病であるにもかかわらずお金がないため通院して治療を受けることができていないという人もいる。病院に「行かない」のではなく「行けない」のだ。

そんな彼女たちからは、「借金のために国民年金保険料を滞納していたら、役所から差押予告通知書が届きました。どうしたらいいのでしょうか？」という相談が来ることがある。

滞納が続けば、保険証を失うことになる。保険証がなければ医療からの排除が起こり、心身の健康を維持することが困難になる。結果として、いつまで経っても肥満は治らない。肥満は富の象徴ではなく、貧困の象徴なのだ。

こうした客観的に見ると分かりにくく、自己責任にすら思える困難＝「グレーな困難」は、現行の福祉制度ではカバーしきれない。

†黒にも白にもなれない

生活保護をはじめ、現行の福祉制度は「誰が見てもあからさまな貧困状態」にならなければ利用できない。しかし灰色の絵の具は、どれだけ塗り重ねても決して黒にはならない。どれだけ困難が多重化したとしても、それぞれの困難がグレーである限り、福祉制度を利用しづらいのだ。

そして縦割りの支援体制＝対象別（高齢者・障害者・女性・若者・子ども）や制度別（介護・福祉・医療・就労支援）の支援体制では、多重化した困難を抱える人たちを捕捉できない。多くのニーズは縦割り制度の谷間や隙間に落ち込んでしまう。

また灰色の絵の具は、どんな色を混ぜても決して白にはならない。多重化したグレーな困難を抱えている限り、通常の社会生活を送ることも難しくなる。

こうした灰色の沼にはまり込んでしまった人たちを引き上げられるような腕力、多重化した困難を一発で粉砕できるだけの火力は、残念ながら現在の福祉制度には標準装備されていない。

そのためグレーな困難を抱えた女性たちは、縦割りの制度の中、それぞれの困難を一つずつ整理して、それぞれ異なる窓口に足を運び、異なる担当者と協議しながら、異なる制度や法令に則って、時間をかけて解決していくしかない。

しかし多重化した困難の中で心身共に疲弊している人たちが、そうした重労働をこなせるはずがない。大半の人は途中で力尽きてしまう。

風テラスに相談に来たある女性は、「役所の窓口で膨大なリストを渡されて、「この中からサービスを選んでください」と言われたのですが、どれを選んだらいいのか分からず、困ってしまいました……」と嘆いた。

話を聞くと、彼女は一つの問題を解決するために三カ所の相談窓口を回ることを求められ、その都度、全く同じ話を担当者に一から伝えなければならなかったという。

使い勝手の悪い制度に頼れない・頼りたくない女性たちは、誰にも迷惑をかけずに・誰にも知られずに、全ての問題を「デリヘルで稼ぐこと」によって自力で一発解決することを夢見てしまう。たとえそれが不可能な夢想であったとしても、誰にも責められないはずだ。

†性風俗で働く女性＝社会的課題を体現した存在

旧態依然とした「あるべき家族像」や「あるべき労働者像」、そして「あるべき貧困者像」に当てはまる人しか制度を利用できないという状況は、なかなか改善されない。個人の自助努力や自己責任が求められる風潮は強まっている。

こうした社会では、個人はリスクマネジメントのために、自らの意志と責任で、より市場原理に忠実な手段を選ぶようになる。自らの身体と時間をダイレクトに現金化できるデリヘルは、まさにその一つだ。

つまり社会福祉の観点から考えれば、「性風俗で働く女性」は、既存の制度の枠内では解決が難しいミクロな困難、そして男女間の経済格差やワーキングプア・ハウジングプアといったマクロな社会的課題が、女性個人の肩に多重化してのしかかった結果として生じる「社会現象」だと捉えることができる。

そう考えると、第一章でも述べた通り、働く女性や店舗、男性客に対して二次情報に基づくレッテルを貼ってバッシングや規制を繰り返したところで、問題は何も解決しない。むしろ問題の原因となっているミクロな困難とマクロな社会的課題は手つかずのまま放置されてしまう。結果として「社会現象」としての「性風俗で働く女性」は一向に減らないままとなる。

必要なのはバッシングでも規制強化でもなく、多重化した困難を抱えながら現場で働く女性たちに、適切な方法によって適切な内容の支援を届けることである。

それでは、血縁・社縁・地縁から排除され、既存の制度の谷間や隙間にはまりこんでしまった彼女たちに届くような「適切な支援」とは、果たしてどのようなものになるのだろうか。

そのヒントは、彼女たちと一緒に働いている仲間たちが知っている。

多重化した困難を一刀両断するための「快刀（解答）」として、性風俗という手段を選んだ彼女たちは、一見すると自らの身体と自助努力だけを頼りに、孤独の中、たった一人で頑張っているように思えるかもしれない。

しかし、現実は決してそうではない。性風俗の世界には、血縁・社縁・地縁から排除された彼女たちを包摂してくれる居場所、そして課題や困難の解決を親身になってサポートしてくれる仲間たちの存在＝「夜縁（やえん）」がある。

次章では、知られざる「夜縁」の世界にスポットライトを当てて、彼女たちを支える仲間たちの声を聴きながら、この世界の構造をより踏み込んだ形で明らかにしていきたい。

コラム

風テラス相談員で得た気づきと変化

木下大生

風テラスとの関わりは、坂爪氏の本を手に取った際、知的に障害がある女性が性風俗で働いている現状を知るに至ったことが端緒である。その時は坂爪氏とは面識はなかったが、知的に障害がある人の支援研究をしている身としてはいてもたってもいられず、まずSNSを通じて連絡をとった。そして福祉に繋がらず生活していくためにやむにやまれず性風俗で働いている知的に障害がある女性がいるとしたら、自分の専門を活かして力になりたいと申し出た。それから約一年の年月が経過した。現在月に一回、四、五件程度の相談を受けて、相談の累計はおおよそ七〇件程度になった。

風テラスに携わることが決定してから、性風俗で働く女性と貧困とを結びつけて描いたルポルタージュを読み漁った。それで業界の現状や、性風俗に踏み込む背景を理解したつもりになっていた。得た情報が膨らむほど性風俗で働く女性の情報が偏頗になっていった。そんなことに気づくまで少し時間がかかった。気づけば、アノニマスで後ろ暗い陰気な世界で、誰もが自身の抱える課題を「お金」で解決するために働いている業界であるという偏見に憑りつかれていた。しかし性風俗という業種の労働現場において、誇りをもって働いている幾人かの女性に出会ったことでその偏りが徐々に薄らいでいった。

風テラスに寄せられる相談は、借金、貧困状態、自身や家族の病気、子どもの障害、パートナーからの暴力、税金滞納、性風俗を辞めたい、履歴書をどう埋めたらよいかなど実に多彩である。相談者一人一人が歩んできた人生は千姿万態、多種多様で同種の相談であったとしても、どれ一つ同じではない。相談に訪れる女性たちは、社会生活を営んでいれば、誰にでも起こり得る生活課題を抱えた一人の生活者であり、それ以上でもそれ以下でもない。相談のための面接を繰り返すうち、いつしか「性風俗ならでは」の相談などないと考えるようになった。と同時にそれまでの無自覚の色眼鏡をかけていたことを覚知した。

性風俗で働いている女性の全てが貧困状態にあったり生活課題を抱えているわけではない。「仕事」として捉え働いている人も少なくなく、むしろそれがマジョリティーなのかもしれない。多くの女性が使う「お仕事」という表現を幾度となく耳にしているうち、性風俗＝労働という概念が欠落していた自分もみつけた。同時に、性風俗のあり方について自身の考えが曖昧であることにも気づかされた。性風俗の世界がどうあるべきかはいまだに分からない。しかし、いつしか労働として捉えるのであれば、労働条件が整えられてしかるべきではないか、という考えを巡らせるようになった。労働者であれば当然に守られる権利がある。彼女たちのそれは守られているのであろうか。

生活が立ちいかなくなっている人には、本人が望めば生活保護受給の手続きを一緒に進める。申請の窓口に同行することもある。そこで、「性風俗をやめないと生活保護は受けられないよ」といって窓口で追い返すケースワーカーに何回か出会った。自立しようと性風俗で懸命に働き、それでも月数万円しか収入がない人が最後の砦として訪れたセーフティーネットであるべきはずの窓口で、職業を理由に追い返される。果たしてこれに正当性はあるのであろうか。職業に貴賤はないのではないか。その前に健康で文化的な最低限度の生活を営めていない人は、国が無差別平等に救済するとされているではないか。命をつなぐための、生活保護である。この制度はすべての人々の最後の砦に成り得ているのであろうか。福祉は「最後の砦」の機能を、性風俗に奪われてしまっていないだろうか。

性風俗で働いている女性たちは、いち生活者である。彼女たち自身の自身の捉え方もそうであろう。自分は自分であり、「性風俗で働く女性」ではない。ただ、性風俗で働いている事実が、かつての私がそうであったように、彼女たちを個人として捉えさせない。「性風俗」の世界がその中にいる人々を屈折してみせるのかもしれない。情報溢れるこの時代の人々に、性風俗という世界はどのように映っているのであろうか。

正直なところ、風テラス相談員として意味ある存在になれているのか、今持つ価値観、倫理観で十分なのか、まだ屈折した見方をしてしまっているのか、性風俗のあり方について自身の考えが曖昧のままでよいのか、どのような知識と技術を身に付けて行けばよいのか、わかろうと努力はしているが、よくわかっていない。ただ、よくわかっていないのは、まだ歪みがなく原寸大でこの世界を見ることができていないのだからだと思う。それができるようになった時に、自身に対する問いや、現在の相談員の役割の他に取り組むべきことが見えてくるのではないかと感じている。感触としては、まだあと少し。そのために、明日からも目の前の相談者の課題の緩和・解決の方法を相談者と共に考えて行きたい。

コラム

地域福祉との差異

鈴木晶子

話していることは地域福祉の現場でよくあるものなんだよね、ここがデリヘル店の待機部屋だということ以外は。

風テラスの事業開始前、初めて鶯谷デッドボールの待機部屋を訪れた時にたまたま居合わせた在籍女性と話した時に感じたことである。この感覚は風テラスが始まってから、ますます深まっていった。このコラムでは筆者がこれまで携わってきた若者支援や、生活困窮者支援での経験をもとに、何がどう「同じ」なのか、逆にどんな「違い」があるのか考えてみたいと思う。

†風テラスはその他の福祉相談と「同じ」?

風テラスの相談にいらした方が語る「困っていること」とそのあり様は地域の福祉

相談や若者支援などでよく聞くものである。例えば、なんらかの経過で心身の不調をきたし働くことに制約のある状態であるとか、そのために生活費や医療費に困っている、借金があるといった相談。制約がある中でどう働いて稼いでいったら良いのか、という悩み。あるいは子どもの不登校やひきこもり、その他さまざまな母親としての心配。親や夫からの暴力被害についての苦難。風テラスではこうした地域福祉でよくある話をお聞きしてきた。

また、ここに至るまでの「経過」も、福祉相談でよく見られる特徴、端的に言えば「困りごとの複合性」と「孤立」を有している。一つは上記のような困りごとを一人の人が経過の中で抱えていることである。もう一つの「孤立」とは、解決するために必要な家族や友人知人の手助けを得られる状態でなく、かつ行政など公の支援制度がこの問題の複合性ゆえに届いていないことである。むしろ、経過の中でより孤立を深めてさえいる。

例えば、親からの虐待を受けた女性が、十分な教育も受けられず、メンタルヘルスに不調を抱えた状態で、親から逃げるように社会に出ることになったという場合を考えてみよう。社会にでる時点で既に教育上の課題とメンタルヘルスの不調という二つの困りごとを抱えている。その状態で仕事を選ばずにとにかく働こうと入った企業で、セクハラ被害や長時間労働によって不調が重症化し、仕事もできなくなり、頼れる家族もいないことから借金を重ねていった、というような形で、雪だるま式に困りごとが増えていく。近年少しずつ変わってきたとはいえ、もともと福祉や医療、教育、労働などの各分野の窓口は縦割りで、それぞれ断片的な対応しかなされず、その人の暮らしは一向に良くならない。その中で支援や制度に対して不信感や諦めを抱き、そしてさらなる困りごとを抱えていくという悪循環が形成されやすい。

†風テラスをやって見えた「違い」

それでは風テラスから見える地域の現場との違いは何かあるだろうか。私が気づいたことは大きく二つある。

一つは彼女たちには働く場がある、ということである。特に私は臨床心理士であるため、精神的な不調を抱えた方の相談を受けることが多いのだが、いつも困るのは「働く場がない」ということだ。一般的な昼職はもちろん、障害者雇用で働く場合でさえ、ほぼ全ての職場で「決まった日に時間通りに来て、時間内は仕事をして帰る」

ということが最低条件となる。精神疾患は本質的に調子の波のある疾患なので、この最低限の条件を守ることが困難になりやすい。そのため、働く場を得ることがなかなか難しいのだが、少なくとも風テラス連携の風俗店二社についてはこの最低限の条件を満たさなくても働き続けられている。また未経験で始められ、就職の際に保証人を求められないなど、他にも働き始めやすい条件が整っているように見える。

もう一つの違いは、相談の最初から「風俗で働いていること」を前提とした相談であるということだ。他にも世の中には業界全体として就労環境が厳しいところがあり、よく訪れる業界の人、というのはある。例えば、IT業界で過重労働でうつ病になった、と言ったような話はよくある相談だ。あるいは、美容やマッサージなどのような業界は、雇用ではなく風俗業界のように業務委託の形態で働く人も多く、労働時間に対して対価が低く生活できるお金にならないとか、きちんと契約通り金銭が支払われないなどの相談も見聞きする。しかし、こうした職種の人たちは相談の最初から必要なこととしてどんな会社で働いていたのかを話してくれる。しかし、風俗で働く、働いてきた人は、話してくれるにしても、複数回相談を続け信頼関係ができてから、風俗で働いてきたことを話してくれることがある程度だ。恐らく、実際にはもっと多くの風俗で働く女性が、それを隠したまま福祉の現場に相談に来ていると思われる。こうした状況を考えると、困りごとがよくあるものであっても、風俗に特化したアウトリーチとして風テラスの価値があるのだと思う。同時に、風テラスの活動として、風俗に携わる女性への偏見を払拭し、話しやすい社会状況を作っていくことも重要な役目になるように思う。

†これからの課題

こうして考えてくると本章でみてきた「風俗嬢はどうやって生まれるか」というテーマが見えてくるように思う。誰もが持つ人生のリスクに社会の仕組みが対応しておらず、一度つまずくと雪だるま式に難しい状況になっていくこと、そして一度難しい状況になると「昼職」に就くことが難しくなっていくということだ。そのため、風俗に対する偏見を解消していくことと並行して、消極的に風俗という仕事を選んでいる人たちの置かれた選択肢のなさを解消していく必要がある。その一歩に、風テラスがなればと思っている。

第三章　デリヘルの居心地がよい理由

1　彼女たちを守る「見えない」事務所

†見た目はIT企業

明るく清潔感に満ちたオフィスのフロア内では、電話の着信音が断続的に響き渡っている。デスク上のパソコンの画面を見ながら、数名のスタッフの女性が丁寧な口調で応対している。窓際の水槽にはネオンテトラとグッピーが群泳しており、休憩スペースには座り心地のよさそうなソファーと筋トレ用の器具が置かれ、空気清浄機が稼働している。

知らない人が見れば、ウェブデザインを行うIT企業、またはコールセンターなどのバックオフィスのように思えるかもしれない。

しかし電話のやり取りに耳を澄ますと、このオフィスがそうした場所ではないことが明らかになってくる。

「『もえ』と『りお』、どちらの女の子をご指名ですか？」

「お客様もお分かり頂けていると思いますが、りおちゃんは新人の女の子なので、紳士的な対応をお願い致します」

「はい、淫語プレイは基本料金の中に入っております」

「それでは、ホテルに到着してお部屋に入られましたら、改めてお電話で部屋番号をお知らせください。お待ちしております」

静かに受話器を置くと、女性スタッフは椅子から身を乗り出して、ソファーに座ってスマホをいじっている女性に話しかけた。

「りおちゃん、××さんから指名が入ったよ。手マンが激しかったので、もえちゃんは先週NGにした客だけど、りおちゃんは行けそう？　いやだったら断っていいよ」

そう、ここはデリヘルの事務所だ。無店舗型性風俗特殊営業であるデリヘルは、その名の通り店舗はないが、客からの電話を受付けるため、そして働く女性（キャスト）の待機スペースとして事務所を設けている。

風俗店＝パンチパーマでヤクザ風の男性がタバコをふかしながら働いているというイメージは、既に過去のものである。一般の会社と全く変わらない内装や雰囲気で、女性スタッフの働いている事務所も多い。

デリヘルの事務所というと、繁華街やラブホ街の雑居ビルに集中しているイメージがあるかもしれないが、決してそうではない。

郊外にある通称「デリヘルマンション」と呼ばれる年季の入った集合住宅に、複数の事務所が密集していることもある。そういった集合住宅は、外国人や特定の宗教の信者など、社会的マイノリティの人たちが住んでいることも多く、階段やエレベーターには中国語やハングルの注意書き、経文の書かれたお札などが貼られている。

夜になると、そうしたデリヘルマンションの駐車場は、キャストの送迎のためのワゴンやミニバンで一杯になる。通路には女性がヒールで階段を上り下りする音が響き渡る。

通常の集合住宅では、夜間に人の出入りが激しくなると近隣住民からクレームが来てしまう。その意味でも、同業者の集うデリヘルマンションのような物件は好都合である。ただし、デリヘルの事務所に部屋を貸してくれる大家さんは少数派であるため、マンションの部屋ごと買い取ったり、自社ビルを建てて事務所を構えているところもある。

地方都市の場合、住宅地の真ん中や人通りの多い国道沿いに事務所を構えている店もある。看板を出しておらず、ホームページに住所も記載していないため、誰も気づかない。事務所の前では、ランドセルを背負った小学生が普通に歩いている。私自身、風テラスの実施過程で多くの事務所を訪問させて頂いたが、「まさかこんなところにデリヘルの事務所が」と驚かされることも非常に多かった。

こうした「見えない」事務所の存在こそが、「見られたくない」彼女たちを守るためのシェルターになっているのだ。

†待機部屋百景

事務所にある待機部屋の形態は、店によって大きく異なる。広大なフロア内にネットカフェのような個室ブースが並び、出入りの際に女性同士が顔を合わせないように配慮されているところもあれば、ワンルームマンションの一室で集団待機、というところもある。

一つの店舗で複数の待機部屋を持ち、キャストの年齢や経験、性格によって振り分けているところもある。待機部屋内でキャスト同士の不要なトラブルやいざこざが起きないようにするためだ。

待機部屋の雰囲気も、店や場所によって千差万別だ。Wi-Fiやウォーターサーバーが完備され、ビジネスマン向けのコワーキングスペースのような雰囲気のフロアの部屋もあれば、精神保健福祉士の相談員から「精神科の待合室みたいですね」と評される部屋、大阪のあいりん地区で活動してきたソーシャルワーカーから「釜ヶ崎と同じ匂いがする」と言われるような部屋もある。

ある店の待機部屋では、部屋の壁一面に接客フローの張り紙や、性病検査キットの案内マンガ、ココセコム（GPS付き警報ボタン）の携行案内、本番強要へ対策など、様々な告知が掲示してあった。机には「女の子のための身バレ防止マニュアル」と題して、スマホのプライベートブラウズの設定方法、サイトの閲覧履歴の消去方法が明記してある。

荷物置き場には、キャラクター入りの巾着袋からブランド物のハンドバッグ、百円ショップで売っているようなビニールの手提げまで、様々な種類のカラフルなバッグが乱雑に並んでおり、働いている女性の多様性を垣間見ることができる。

冷蔵庫には「飲み物には名前を書いてください」という張り紙が貼られており、収納ラックには、荷物の入れ間違いによるトラブル防止のために、各キャストの源氏名が丁寧にテプラのラベルで貼ってある。

そしてドアの前の張り紙には、ホテルに向かう前の「最終確認表」が貼ってある。

・携帯は持ちましたか?
・伝票、お釣り、GPSは持ちましたか?
・ローターは持っていますか?
・うがい、歯磨きはしましたか?
・鏡で自分の姿を見ましたか?
・女性にとって、一番のメイクは笑顔です。

店長の生真面目な性格、そしてキャストの安全を願う気持ちが想像できる。

待機部屋は、その店を映し出す「鏡」だ。部屋の光景や雰囲気から、その店で働いているキャストの生活やスタッフとの関係性がくっきりと浮かび上がってくる。

†独特の居場所感

いずれの待機部屋にも共通するのは、独特の「居場所感」だ。デリヘルの待機部屋というと、客からの指名を待っている女性たちが無言でスマホをいじっているような殺伐とした雰囲気をイメージする人もいるかもしれないが、必ずしもそうではない。

ある店の待機部屋では、部屋の真ん中で「やった、生理が来た〜〜〜〜!!」と女性がガッツポーズをとりながら叫んでいた。その様子を見て、他の女性やスタッフは腹を抱えて笑っている。

色々な意味で笑い話ではないのでは……とも思うが、この店のように、女性が自らのプライベートをさらけ出して笑いにできるほど、キャスト間・スタッフ間の信頼関係が構築できているところもある。そうした店の待機部屋は、殺伐とした空気とは全く無縁である。

待機部屋での過ごし方は、女性によって様々だ。毛布にくるまってスマホをいじっている人もいれば、鏡を見てメイクを直しながら、大股開きでカップラーメンをすすりつつテレビを観ている人もいる。いずれも緊張感ゼロ、生活感がむき出しの状態で、「夜の蝶」や「女豹」といった色気は全くない。

ホテルからキャストが返ってくると、スタッフ一同で「お疲れ様です！」「おかえりなさい！」と声をそろえて出迎える。キャストも笑顔でそれに応える。

キャストが事務所を出てホテルに向かう時、「いってきま〜す！」と笑顔で挨拶する。スタッフたちも、「××ちゃん、いってらっしゃい！」と元気に送り出す。

相談対応のために待機部屋を訪れていた風テラスの女性相談員は、こうした光景を見て、「あの彼女たちが、これからホテルに行って男性にそういうサービスをやるなんて、とても信じられない……」と驚いていた。

確かに、事務所のスタッフやキャスト同士の和気あいあいとした会話や表情を見ている限り、「事情を抱えた女性たちがやむにやまれず身体を売っている」といった悲壮感は一切感じられない。

そもそも、事務所のスタッフが働く女性のことを「風俗嬢」と呼ぶことはまずない。あくまで「キャストさん」「女の子たち」なのだ。世間で使われている「風俗嬢」という言葉は、実際の現場ではほぼ使われていない。

電話受付のデスクの横では、女性スタッフが業務用ローションの詰まったポリタンクの蛇口をひねり、ボトルに補充している。途中で蛇口に空気が入ったせいか、「ブブッー！」

と卑猥な音が響き渡り、事務所内は爆笑の渦に包まれた。

†「店をやめてから居場所がなくなった」

建設会社の事務職と兼業している野村敦子さん(二十五歳)は、今のお店で三年間働いている。デリヘルは、職場を移る際のつなぎの仕事として、また長期の休みができた時に効率的に稼げる仕事として考えている。

「デリヘルは今のお店が初めてだったのですが、お店の人は皆普通の人ばかりという印象で、自分でもやっていけそうだと感じました。

待機部屋は居心地がいいんです。不安よりも、安心感の方が大きい。スタッフの皆さんは無理なことは言わないし、風俗経験者の女性スタッフも多いので、話しやすい。男性スタッフのみだったら働いていなかったかもしれません」

先輩の女性からは、「うちの店は月曜日に電話がたくさん鳴るから、確実に生理が来ないタイミングを見計らって、月曜日中心にシフトを入れて働くといいよ」と指南されたという。

敦子さんの店では、客の情報をスタッフとキャストで共有している。スタッフの電話対応が良いと客の態度も良くなり、結果的にキャストが安心して働けるようになるという。

その店の待機部屋を初めて訪問した女性の新人ソーシャルワーカーは、「デリヘルの事務所って、人身売買の組織みたいなブラックなところだと思っていましたが、全然違っていて驚きました……」とつぶやいた。

風テラスには、性風俗の仕事をやめた女性からの相談も来る。その中には「風俗の仕事で得られるのはお金だけではなかった。店をやめてから居場所がなくなったように感じて、精神的に辛いんです」と打ち明ける女性もいる。

デリヘルをやめて生活保護を受給し、無料低額宿泊所からアパートに転宅した後、「やっぱりお店で働きたいです」と訴える女性もいる。

そう、待機部屋は彼女たちにとっての「居場所」なのだ。これは、待機部屋「しか」居場所がない、というネガティブな意味ではない。待機部屋「だからこそ」居場所になる、というポジティブな意味も含まれている。

性風俗を「性的搾取の温床」と思いたい人たちにとっては不都合な真実かもしれないが、少なくない数の女性たちにとって、デリヘルの待機部屋が自宅でも職場でもない居心地の良いサードプレイス＝「第三の居場所」になっていることは、否定できない事実である。

†「居場所」の担い手①：店長

「私が今のお店を作ったのは、手コキであれば、生理中でも働けるからです。生理で働けない期間があると、そこから身バレにもつながってしまいますからね」

物腰柔らかに語る相沢信也さん（二十九歳）は、いわゆる「手コキ店」＝ハンドサービス中心のお店の経営者だ。人差し指には重厚感のあるシルバーアクセが光り、Tシャツの袖口からはトライバルの刺青が見え隠れする。

「通常のデリヘルは、基本的に生理中は働けません。でもずっと家に居たら怪しまれる。「ママ、なんで今日はおうちにいるの？」と子どもから聞かれることもある。家族に内緒で働いている女性の中には、仕事に行くふりをして家を出て、一日公園で時間を潰す女性もいる。そんな女性のために、今の店を作ったんです」

相沢さんは、以前は不動産の営業職として働いていたという。「プライベートでちょっと悪いことをして、一度捕まっちゃったんですよね」と苦笑する。刑務所の中で出会った人に誘われて、出所後に性風俗業界の門を叩いた。ドライバーや内勤スタッフとして働く中で出会いにも恵まれ、結婚して子どもが生まれた。

「実は、僕自身は夜業界が嫌いだったんですよね。女の子を講習なしで働かせるとか、色々と疑問に思うことが多くて。そうした疑問に対して自分なりに答えを出すために、独立して店を出すことにしました」

開店当初は多忙を極め、妻や子どもに会えない日々が続いた。そのため夫婦関係は悪化。しかし、店を出したばかりで休むこともできず、結果的に離婚することになった。三歳になった娘とは、定期的に面会しているという。

「手コキ店は脱がないから楽だと思われていますが、そうではない。脱がずにエッチな雰囲気をつくるにはテクニックがいる。うちの店では、女の子への講習もきちんとやっています。講習をしないことがもてはやされる業界の風習には疑問を感じます。お客のかわし方やいなし方を教えられないですから」

相沢さんは「女性を一人にしない」ということをモットーにして経営している。送迎の際に、キャストみんなで同じ車に乗って移動することもある。年に数回、店のメンバー全員で飲み会やバーベキューも開催する。通常のデリヘル店ではまずありえないことだが、常連のお客やキャストの彼氏と飲みに行くこともあるそうだ。

「うちの店は、原則として個室待機は認めていません。同じお店で働いている仲間にすら配慮できない人が、初対面の男性に接客できるわけがない。

紹介で入った子には特例で個室待機を認める場合がありますが、たいていすぐ辞めてしまいますね。特にスカウト経由で入店した女性は、スカウトにちやほやされることに慣れきっている、あるいはスカウトのケアがないとうまく働けない・稼げない子が多いので、管理が大変です。うちの場合、風俗経験者よりも未経験の子の方が長続きすることが多いです」

性風俗は「すぐに稼げる高収入のお仕事」や「貧困女性のセーフティネット」である前に、純然たる接客業である。意識の低い状態で働いてもらっては困る、というのが相沢さんの考えだ。

メイクをせずに出勤してきたキャストに対しては、「お客さんに失礼だから」と怒って家に帰すこともあるという。それによってやめてしまう女性もいるが、去るものは追わず、来る者は拒まず、というスタンスを貫いている。相沢さんは「女性がやめやすい店＝女性が入りやすい店」と考えているので、無理に引き留めるようなことはしない。

「風俗は楽な仕事ではありませんが、安易な仕事にすることはいくらでも可能です。安易に脱ぎや本番に走ると、結果的に稼げなくなる。せっかく働くことを決意したのだから、そうなってほしくはない。

風俗で働くこと・利用すること・勤務することで、人生が変わってしまう必要はないと思います。そうならないためのサポートをするのが自分の役割だと考えています」

相沢さんにとって、キャストは「妹」のような存在だという。キャストがやめると、

「困る」とか「売り上げが減る」ではなく、純粋に「さみしい」と感じるそうだ。

「その一方で、一度やめた子には戻ってきてほしくない、そのまま昼職でうまくやっていってほしい……と思う部分もあります。ただ、最近は風俗よりもむしろ昼職の方がブラックで、やめてもまた戻ってくる子もいるんですよね」

†「居場所」の担い手②：女性スタッフ

「お客様は皆仮名で予約されるのですが、どの方も「佐藤」や「田中」ばっかりで紛らわしいですね。また女の子の源氏名も「みう」「みゆ」「みく」など紛らわしいので、つい間違えそうになります」

白い歯を見せながら笑う篠原由梨花さん（三十一歳）は、デリヘルの事務所で働く女性スタッフだ。ゴテゴテのネイルをつけた指先で、器用にキーボードを叩いている。事務所ではいつもロングヘアを後ろに縛り、パジャマと間違えそうな上下のスウェットを着て仕事をしているため、事務所に住んでいるような雰囲気を醸し出している。

由梨花さん自身もキャストとして十年近くこの業界で働いてきた。今は電話の受付などの内勤がメインだが、キャストが足りない時には、自分で自分の写真を店のホームページにアップして「出勤」することもあるという。


「ルンルン気分でお店に出勤してくる子は、まずいません。多かれ少なかれ、みじめな気分だったり、孤独感を感じている。特に遅番の子は陽の光を浴びない生活をしているので、余計に気分が落ち込みやすい。周りはどんどん就職や結婚をしているのに、自分だけおいてけぼりにされているみたい……と話す女の子も多いです。

女の子にとって最大のストレスは、「自分の仕事のことを周りに話せない」ということなんです。家族や友人にも話せず、二十四時間三百六十五日、ずっ〜〜と一人で演技している状態。辛いですよね。

だからこそ、私たちお店のスタッフが盛り上げてあげないと」

そう語る由梨花さんに対する、キャストの女性たちからの信頼は厚い。出勤前後の空き時間に由梨花さんが女性たちの悩みを聞き取って、必要に応じて風テラスにつないでくれる。

人づきあいが苦手なキャストや、誰に何をどう相談したらいいか分からないキャストもいるが、そうした場合でも、由梨花さんのようなスタッフが悩みを聞き取り、相談につないでくれる。由梨花さん自身がデリヘル経験者でもあるので、仕事上の細かい悩みやトラブルについても対応できる。

そう考えると、待機部屋での生活・法律相談の成否は「キャストに信頼されているスタッフの有無」で決まると言える。キャストとスタッフの間に信頼関係がなければ、そもそもキャストから相談は上がってこないだろう。

「借金や育児、夫や恋人によるＤＶや生活費の不払いで悩んでいる女の子は多いです。ただ、こんな方法や相談先があるよ、といって相談窓口やシェルターを紹介しても、なかなか本人は動いてくれません。動きたくないからこそ、うちの店で働いているのかもしれませんが。

学費や資格といった目標のある子は、目標額がたまったらスパッとやめる傾向にあります。しかし、そういった子は一〜二割程度。私自身もそうでしたが、多くはやめるタイミングを逃してだらだらと続けてしまう。ただ、デリヘルは四十歳以上になっても一応需要はあるので、続けられないことはないですね」

店で本番強要事件が発生した時、由梨花さんは被害を受けた女性に付き添って、地元の警察に行った。しかし警察はあれこれ理由をつけて、被害届を受理してくれなかった。

「本番を強要されて、女の子が死ぬほど辛い目に遭っているのに、警察は何もしてくれない。被害届も受理すらされないなんて、知らなかったです。目の前で泣いている女の子には、あれこれ言えないし……。泣き寝入りするしかなかったですね」

本番強要を含めて、サービス中に発生した性暴力を事件化することは、実は難しい。全ては密室の中で起こった出来事であるため、証拠が何も残っていないことが多いからだ。被害に遭ってすぐに警察に通報するならまだしも、数日後に相談に行っても問題の解決にはつながらない場合が多い。

デリヘルは、働く女性が最も性暴力被害を受けやすい仕事の一つであるにもかかわらず、法的保護が極めて手薄なのだ。

そうした状況の中で、かつては暴力団が店を守ってくれていたが、現在のデリヘル経営者の多くは堅気であり、暴力団をはじめとした反社会的勢力とのつながりは薄い。

世間の認識では「性風俗店＝全部ヤクザ」という真っ黒なイメージかもしれないが、暴対法の影響もあり、そうしたイメージは過去のものになりつつある。

法律も警察も暴力団も働く女性を守ってくれないのであれば、彼女たちを守ってくれるのは店とスタッフしかいない。

「女の子たちの多くは、風俗をやめることができないんですよ。彼女たちにできるのは、せいぜい他の店に移ることだけ。だったら、今の店の居心地を少しでも良くするしかない。そう思いませんか？」

そう問いかける由梨花さんの声は、優しさと決意に満ちていた。

†「居場所」の担い手③：男性スタッフ

「働いている子たちに、「この仕事をやらなきゃよかった」とは思われたくないんですよ」

そう語る岡村勇気さん（三十二歳）は、多店舗展開しているデリヘルグループの男性スタッフ。知的な雰囲気の漂う縁無しのメガネをかけ、パリッとしたスーツを着こなす姿からは、デリヘル店で働くスタッフというイメージは全く浮かんでこない。

岡村さんは中学卒業後、地元でとび職などの現場仕事を転々としたのち、友人の誘いでデリヘルの仕事を始めた。最初は雑用や送迎の仕事ばかりだったが、そのうちに電話応対や経理といった店の運営も任されるようになった。

デリヘルは公序良俗に反する仕事であり、金融機関から融資適格対象外とされているため、銀行から融資を受けることができない。そのため、資本のない個人が独立開業して成功するパターンは少なく、勇気さんのように、既に資本と顧客を持っている店舗やグループの中でスタッフとして働きながら出世していくパターンが多い。

「最初はとにかく金、金、金でしたね。利益追求至上主義で、稼げればそれだけでよかった」

そんな中、岡村さんのお店で働いていた女性が、虐待によって二歳の子どもを殺してしまう事件が起こった。

事件の起こる半年前にその女性は店をやめて、音信不通になっていた。どうしているのかと思っていた矢先に、岡村さんはテレビのニュースで事件のことを知り、愕然とした。ネット上では、彼女を「母親失格」「鬼畜」と非難する意見が大量に書き込まれた。またどのメディアの記事でも、彼女がデリヘルで働いていたことは一切報道されなかった。

「そもそも彼女に子どもがいたこと自体、自分は知らなかった。すぐ目の前にいたのに、もっと自分たちが気づいてあげていれば、あんなことにはならなかったかもしれない。お子さんも死なずに済んだかもしれない。そう考えると、やりきれない気持ちになりました」

†相手の立場を考えたコミュニケーション

それから岡村さんの働き方は変わった。短期的な利益の追求だけでなく、女性が働きやすい環境づくりにも意識して取り組むようになった。

遅刻や当日欠勤を繰り返す女性に対しては、以前は「なんで自分で決めたことを守れないの？」「出勤情報がホームページに上がっているんだから、お客さんもお店も困るんだよ？」と頭ごなしに叱っていた。

だが最近は、まず本人に遅刻した理由、当日欠勤した理由を丁寧に尋ねた上で、「××ちゃんの出勤を楽しみにしているお客さんもいるから、遅れる場合や休む場合は、必ずお店に電話してね」と伝えるようになった。

「恋人や家族とのトラブルでメンタルが落ちてしまったり、ダブルワークでどうしても遅刻が多くなってしまう女性もいるので、まず遅刻した理由を聞いた上で、余裕を持って出勤できる日を確認したり、追加や臨時の出勤にも対応できるような態勢を整えていきます」

写メ日記（ブログ）を書かない女性に対しては、以前は「なんで書かないの？」「出勤している女の子はたくさんいるんだから、ちゃんと書かないと目立たないし、稼げないよ」と一方的に注意していた。

しかし今は、それぞれの女性の性格を把握した上で、働く目的の共有や役割の明確化を意識して、次のようにコミュニケーションを図るようになった。

「××ちゃんさ、面接の時に「百万円貯めたい」って言っていたよね。そのためには、一日五万円稼ぐとして、二十日間かかる。

一日五人のお客さんに指名してもらうためには、多くの人に××ちゃんの魅力を知ってもらう必要があるよね。そのためには、毎日写メ日記を書くことが一番の近道なんだよ。

お客さんの指名が増える写メ日記の書き方は僕たちが知っているから、一緒に書く内容を考えよう。

僕たちお店は、××ちゃんが稼げるように、電話を取ったりネットに広告を出したりするから、××ちゃんにはしっかり写メ日記を頑張ってほしい。そこだけは、僕たちが代わりにできないところだからね」

いくら店側が「こうすれば稼げるよ」と一方的に伝えても、働く女性たちからすれば「自分一人で頑張らなければならないのか」「お店は何もしてくれないのか」と感じてしまう。そのため「応援させてください」という姿勢を伝えることが大事だと岡村さんは語る。

中には、指名を増やすために露出度の高すぎる画像や動画を投稿してしまう女性もいる。そうした女性に対しては「××ちゃん、頑張り屋さんなんだね」と一言褒めた上で、「でも、男性は隠されたエロスに興奮するんだよ。写メ日記で全部見せてしまったら、お客さんはわざわざ店に来てくれなくなっちゃうから、もったいないよ」と諭す。

「お店の電話が鳴らない時は、女の子も責任を感じているんですよ。過激な投稿に走る背景にはそうした理由もあるので、女の子だけを責めるのは酷です」

また、いわゆる「病みブログ」＝仕事の愚痴や客への悪口といったネガティブな内容を連続で投稿している女性に対しても、頭ごなしに否定はしない。

「病みブログは、彼女たちにとって「気づいてほしい」「察してほしい」という一種のアラートなんですよ。あえてそういった内容のブログをアップしていることもあるので、まずは時間を取って話を聞きます。

女の子が店をやめる理由の大半は、小さな不満やイライラの積み重ねなので、そこは丁寧にケアするように心がけています。

特に、売上はトップクラスだけどスタッフと全くコミュニケーションを取らないような女の子がいる場合は要注意ですね。

風俗で働く女の子にとって、最大の恐怖は「無視」「無関心」なんですよ。スタッフが遠慮して声掛けをしないことが、彼女たちを傷つける最大の要因です。

彼女たちが「自分はお店に必要とされている」という実感を持ってもらうために、「いつも時間通りに出勤してくれてありがとう」という感謝の言葉や、「入店した時から、すごく成長したね」といった誉め言葉など、プラスの言葉を伝えるように意識しています。

もちろん、いくらこちらから声をかけても壁を作る女の子もいますが、そうした場合でも「いつも気にかけているよ」という姿勢は崩さないようにしています」

女性の安全を守るために、写メ日記やツイッターでの投稿に関して「『○○なう』といった、現在位置を特定されてしまうような投稿をしない（位置情報設定を外す）」「自室の写真はアップしない（窓の外が移っていると、景色から場所を特定されるため）」などのリスク管理に関する情報も適宜伝えている。

働く女性のケアとフォローに日々気を配っている岡村さんだが、一人で全ての在籍女性とコミュニケーションをとることは、時間的にも物理的にも不可能だ。また岡村さんのやり方とは相性の合わない女性も当然出てくる。

そこで岡村さんの店では、働く女性が年代・性別・所属の異なる相手に相談できるような環境を整備している。店長と男性スタッフ以外に、各店舗の内勤女性スタッフ、送迎のドライバー、別のオフィスで働いている求人課の担当者など、相談できる相手や窓口を複数化している。

「相談相手が店長しかいない場合、その店長と相性が合わなくなった時点で、女の子が精神的に潰されてしまうんですよ。それを防ぐために、必ず複数の相手に相談できるようにしています」

岡村さんは、実家の両親にも、デリヘルの仕事をしていることをカミングアウトしている。最初は「人身売買のような仕事はやめろ」と言われたが、三年かけてどうにか一定の理解を得ることはできた。

岡村さんは、普段の生活でもデリヘルのスタッフであることをオープンにしている。性風俗店で働くことへの差別は根強く、車や家のローンも組めなければ、クレジットカードも作れない。それでも、岡村さんは堂々と胸を張って生きていきたいと考えている。

「うちの店をやめた女性が、数年後に路上で転がっている姿は見たくないんです。僕と彼女たちは、仲間ですから」

†「居場所」の担い手④：情報サイトの運営会社

「見えない」とされている性風俗の世界の中でも、実は、全体を「見る」ことのできる立場にいる人たちが存在する。

第一章で述べた通り、性風俗に関してメディアで報道されている情報は、その大半が伝聞に基づいた二次情報である。一方で、現場から得られた一次情報を大量に所有・管理している人たちがいる。それは一体誰だろうか。

十代の頃から長年働いている女性、ヘビーユーザーの男性客、現場の店長やスタッフ、風俗情報誌やウェブで連載しているルポライター、性風俗産業をテーマに調査を行っている研究者、待機部屋へのアウトリーチを実践している支援団体やＮＰＯ……様々な答えが思い浮かぶかもしれないが、残念ながらいずれも不正解である。

正解は、風俗情報サイトの運営会社だ。性風俗店の大半が店舗型から無店舗型に移行し、インターネット上で集客や求人を行うようになって以降、情報サイトの影響力は圧倒的に高まった。大半の地域で「そもそも情報サイトに載せてもらえないと、集客も求人もままならない」という状況になっている。

私たちがGoogleの検索エンジンやGmail、Google ChromeなどのブラウザAndroid OSなどを使わずにネット上で仕事をすることがもはや不可能になっていることと同様に、デリヘルの世界では情報サイトに広告を出稿しないと、そもそも営業自体が成り立たない。

風俗情報サイトの運営会社は、各掲載店舗のＰＶ（ページビュー：閲覧回数）に始まり、その地域の中でどの店がどれだけ儲かっているかといった情報、集客や求人広告の反応率、女性の在籍数や指名数・写メ日記のアクセスランキング、性感染症検査の結果（陽性率の割合）まで、あらゆる「ビッグデータ」を持っている。

エリア内の大半の店舗とネットワークを持ち、二十四時間三百六十五日、現場から寄せられる膨大な量の一次情報を収集・分析・活用している彼らの協力を得ることができれば、性風俗の世界でソーシャルワークを展開していく上で極めて強力な支えになる。

その意味で、お客・店・キャストの三方を結びつける風俗情報サイトの運営会社は、社会と性風俗をつなぐ窓口の役割を担っていると言える。

世間から見れば彼らは完全に業界側の存在＝「闇の世界の住人」であるかのように思えるが、彼ら自身の意識はあくまで「業界の外側の住人」であることが多い。

風俗やキャバクラ以外のウェブ制作やデザインを並行して行っている会社もあり、昼の世界との接点も多い。

†昼と夜を行き来する、一般企業の会社員

河田幸雄さん（三十六歳）は、デリヘル店のスタッフから現在の情報サイト運営会社に

転職。店舗への営業や苦情対応、企画などを担当している。

会社の問い合わせフォームには、「サイトにアップされている自分の写真や動画を消してほしい」という女性からの訴えが頻繁に届く。心情的にはすぐに消してあげたいが、「まだ在籍しているし、集客にも影響があるから消さないでほしい」というクライアント＝店側との板挟みになって悩むことも多い。

集客を焦るあまり、局部をギリギリまで露出した過激な画像や動画を写メ日記に投稿するキャストに対しては、警告や削除を行うこともある。

河田さんの会社では、業界健全化の旗振り役となって、地元のデリヘルオーナーや店長、スタッフを集めて定期的に勉強会を開いている。地元での風テラスの展開に関しても、河田さんが店舗側とのアポイントメントを取ってくださり、多くの店舗の事務所や待機部屋を回ることができた。

「風俗やキャバクラもそうですが、うちの会社も、まっすぐな人生ではなく、どこかで挫折や失敗を経験してここに流れ着いた……という人が多い印象ですね」と河田さんは語る。

性風俗の世界で働く人たちというと、どうしてもキャストの女性、店長、送迎のドライバーといった面々がイメージされるが、集客や求人のほとんどがウェブに移行した現在、業界を下支えしているのは、河田さんたちのような「昼と夜を行き来する一般企業の会社員」だと言える。

一口に性風俗と言っても、広告営業やデザイナー、写真撮影を行うカメラマンなど、昼と夜の垣根を越えて、様々な人たちが関わっているのだ。

†「居場所」の担い手たちの背景にあるもの

性風俗の世界で働くキャストとスタッフの背景には、共通するものが多い。同じような境遇や価値観、文化的土壌や生育歴を共有しているため、話が合うのだ。

風テラスにも、店の男性スタッフが相談に訪れることがある。彼らの置かれている背景や抱えている困難の多重性は、キャストの女性たちと何ら変わらない。中にはキャストと恋愛関係になったり、結婚したりするスタッフもいる。

風テラスの合間に、事務所や待機部屋で彼らの何気ない会話や、和気あいあいとしたやり取りを聞いていると、デリヘルという仕事が精神的な支え合いとして機能しているように思える。

また女性と同様、性風俗の世界は生活に困窮した男性の受け皿にもなっている。

例えばデリヘルのドライバーは、運転免許証さえあればその日から働ける。それまでの過去の経歴は一切問われない。

昼の世界ではタクシードライバーが失業者や中高年雇用の受け皿になっていると言われているが、夜の世界の受け皿はデリヘルドライバーなのかもしれない。

また前述のハンドサービス店の店長・相沢さんのように、前科や前歴（逮捕歴）のある男性も一定数働いている。無届営業や売春防止法違反で摘発されて一度はこの業界を離れた人が、再び店のスタッフやドライバーとして、または情報サイトの運営会社の社員として働くことは珍しくない。

あるデリヘルグループの経営者は「殺人以外であれば、前科があっても採用しますよ」と鷹揚に語っていた。風俗の世界には、一度飛んだ（無断で店を辞めて音信不通になった）女性を再び受け入れるのと同様、一度法を犯した過去を持つ男性を受け入れる懐の深さがある。

もちろん、貧困や生活困窮といった状態に置かれている人や、前科・前歴のある人ばかりが働いているわけではない。

風テラスの活動の中で、デリヘルの事務所や情報サイト運営会社のオフィスで、東大卒や京大卒といった超高学歴の男性に出会うこともあった。

一部上場の大企業で働いていた人もいれば、ＩＴベンチャーを立ち上げたものの失敗し、この業界に流れ着いたという人もいる。前述の通り、デリヘルは事実上のＩＴ企業になっているので、ＩＴベンチャーとの相性は悪くない。

社会保障の観点から見れば、仕事で失敗した際のセーフティネットや老後の保障がないという点では、高卒の非正規雇用職員も東大卒のベンチャー起業家も同じなのだ。

刑務所出所者のように社会的に敬遠・排除される立場に追い込まれた人たち、何らかの不安定さを内包した職業や仕事についている人たちが、自助と公助の狭間で出会う仕事、それが性風俗だと言える。

2 「助け合い」の果てに

†タイムライン上での助け合い

「本日、風テラスさんの相談会に行ってきました。

将来の不安や疑問について、相談員の方々が親身に相談に乗ってくださいました。同業者以外の人に、風俗で働いていることを隠さずに相談することができました。今の職業や生き方を否定されることもなく、むしろ味方になってくれる場所でした。
#拡散希望」

風テラスへ相談に訪れた女性が、相談後にツイッターで感想をつぶやいた。「拡散希望」のハッシュタグが付けられたこのつぶやきは、彼女のフォロワーによって瞬く間に拡散され、短時間で百回以上リツイートされた。

彼女の相談を担当した弁護士とソーシャルワーカーは、スマホの画面を覗き込みながら「これは嬉しいですね」と顔を見合わせた。

しかし、私は素直に喜ぶことができなかった。たまたま好意的な感想だったから良かったものの、もしこれが風テラスに対する批判的な感想だったら……と考えると、背筋が寒くなった。

ツイッターの風俗嬢アカウントの中には、フォロワーがほとんどおらず、メンヘラ気味なつぶやきばかりを繰り返しているアカウントもあれば、数百人〜数千人規模のフォロワーを擁し、ネット上で多大な影響力を持つ「インフルエンサー」のようなアカウントもある。

そうしたアカウントが入り混じり、ツイッターで様々なコミュニティや言論空間を形成している。親しい仲間が出勤情報をアップすると皆で一斉にリツイートしたり、マナーの悪い「クソ客」の言動や画像を晒すことで盛り上がることもある。

時には誹謗中傷や炎上に発展してしまうこともあるが、リアルの世界ではなかなか他者と繋がる機会のない彼女たちにとって、SNS上での匿名のつぶやきや同業の女性とのやり取り自体が、一つの助け合い、そして日々の仕事のストレスをガス抜きする役割を果たしていると言える。

†「搾取モデル」ではなく「共助モデル」で理解せよ

風テラスでは、店舗側と相談員側のチームでLINEグループをつくり、各店舗からの相談予約の受付や会場となる待機部屋の調整などの業務連絡を取り合っている。

LINEスタンプを自前で開発・販売している店舗もあり、タイムラインでは時折コミカルなスタンプや絵文字が入り乱れてにぎやかになる。

各店舗の店長・弁護士・ソーシャルワーカーといった立場も専門性も全く異なる人たちが入り乱れてLINE上でやり取りする様子は、一見すると異様な光景かもしれない。しかしこの光景こそが、性風俗の世界の持つ包摂力を端的に表しているのではないだろうか。

あらゆる存在を包摂できるがゆえに、多重化した困難を抱えた女性たちをはじめ、既存の制度や労働市場から排除された人たちを吸い寄せる世界。

様々な事情で多重化した困難を抱えることになった人たちが、自らの身体を最後の「資産」として活用し、お互いに助け合いながら、それぞれの困難を一気に、かつ短期間で乗り越えようとして集う世界。

そう、言うなればデリヘルは、多重化した困難を抱える人たちが共に助け合い、支え合う「共助」の世界なのだ。

他者に助けを求めず、自力で努力すること＝「自助」には苦痛と孤独が伴い、公的機関による支援やサービス＝「公助」には、恥と負の烙印が伴う。苦痛を和らげ、恥を緩和してくれる機能が、共助には備わっている。

前章の事例で述べたように、「公助」である生活保護がデリヘルに勝てないという事実も、デリヘルが「共助」だと考えれば納得がいく。「公助」は「共助」に勝てるはずがないし、勝つべきでもないだろう。

性風俗＝悪い男たちが、何も知らない女性たちを騙して無理矢理働かせている世界、といった旧来型の「搾取モデル」では、デリヘルの現場で起こっている問題は理解も解決もできない。

二次情報をベースに組み立てられた搾取モデルから、現場から得られた一次情報をベースに組み立てられた共助モデルへと、理解のためのフレームワークを刷新する必要がある。

†搾取よりも恐ろしい共助の闇

「搾取モデルから共助モデルへ」という提唱は、一見すると「性風俗は性的搾取ではない」「性風俗が共助として機能している現状を肯定せよ」と言っているように聞こえるかもしれない。

しかし、それは大きな間違いだ。「共助としてのデリヘル」は、決して盤石のセーフティネットでもなければ、諸手を挙げて肯定できるような代物でもない。

誤解を恐れずに言えば、単なる「搾取」であれば、まだ問題は簡単だと言える。

性風俗が搾取ではなく共助であるからこそ、搾取以上に悲惨なことが現場で起こりうるのだ。

どこにも悪玉がいないからこそ、そして当事者たちが悪意（搾取目的）ではなく善意（助け合い目的）で動いているからこそ、問題の解決が困難になり、様々な被害や不幸が生み出され続けている、という構造がある。

家父長制や性別役割分業を前提とした「共助としての家族福祉」、長時間労働やセクハラ・パワハラを前提とした「共助としての企業福祉」と同様、「共助としてのデリヘル」にも、看過できない負の側面が潜んでいる。

多重化した困難を抱えながらデリヘルで働く女性たちへの適切な支援の在り方を考えるためには、このダークサイドを直視する必要があるだろう。たとえそれが、多くの人にとって「見えない」のではなく「見たくない」ものだったとしても、だ。

次章では、この「共助としてのデリヘル」のダークサイドを追いながら、福祉でも性風俗でも救えない奈落の存在、そしてその中に落ち込んでしまった女性たちの姿に迫りたい。

コラム

つながりぬるく

橋本久美子

この町へ足を運ぶようになったは随分と大人になってから。

†池袋の女の子

この町の「女の子」を感じたのはもっとあと。女性低所得者福祉のソーシャルワーカーをしていたときに関わった子。池袋のデリヘルで働いていたあの子は可愛くて意地悪な目をした子だった。せっかくグループホームに入れる様になった矢先に、あの子は消えた。

そして、あの日、エレベーターのドアが開いたとき、あの子は私の前に立っていた。「生きてたんだね〜、うれしい」可愛くて意地悪な目をしたあの子は私をちらりとみてエレベーターの中にするりと消えた。

「風テラスの相談員にはいってもらえません？」短い付き合いだけど信用している弁護士から話があった。「りょーかい」と二つ返事で池袋へ出向いたのが風テラスとの付き合いの始まり。当然で自然なことだった。

風テラスはセックスワークを「使用する」女の子たちが抱える「モヤモヤ」を解決する。体の不具合・家族のごたごた・保険証がない・昼間の仕事に就きたい・税金の事……いろんな「モヤモヤ」を整理するお手伝いをする。

風テラスに足を運ぶ「女の子」たちが抱える「モヤモヤ」を解決するには道具は沢山の方がいい。「女の子」たちがもってくる「モヤモヤ」はよくよく話をきいていくと根っこは別のところにあったりする。風テラスは弁護士とソーシャルワーカーが並んで座るから「モヤモヤ」を解決する道具は一個じゃないから問題を見落としたり、見誤ったりしない。「女の子」がセックスワークを「使用する」ことで受けるリスクを無視したり過小評価しないように声をききとる。安心と安全はだれの前にもなくちゃいけないことだから声をききとるのは当たり前な事。風俗という仕事がいいとか悪いとか審判しない。女の子が自分で選んできめることだから。

相談や情報提供が成功したかはセックスワークをやめるとかじゃない。生きてくうえで生活をよくしたり、福祉サービスを受けたり、受けているダメージを少なくすることに向き合っていく。

待機部屋で繰り広げられている事はとっても当たり前で、すごく当たり前のこと。

†女の子たち

本当に自分が必要とした時に誰かに支えてもらったり、ちゃんとそばで誰かが見ていてくれるという経験をしていない、誰かへ助けを求める術を「教えて」もらっていないから助けを求めるタイミングもわからない、そんな「女の子」が私の前に現れる。「女の子」たちにとって自分を支えてくれる人や、見ていてくれる人の存在はとても大きい。待機部屋で私の前に現れる「女の子」たちを「見ていてくれる、支えてくれる人」は店のスタッフであったり、風テラスの相談員であったりする。

否定されない関係、そこに居る事がそのまんま受け入れられる関係は大切な意味をもつ。今日もまた、待機部屋に足を運ぶ。

女の子たちと時間をすごして、エレベーターに乗り込む。
エレベーターのドアが開くとき、可愛くて、意地悪な目をしたあの子が立っている。
そんなデジャブにくらくらする。

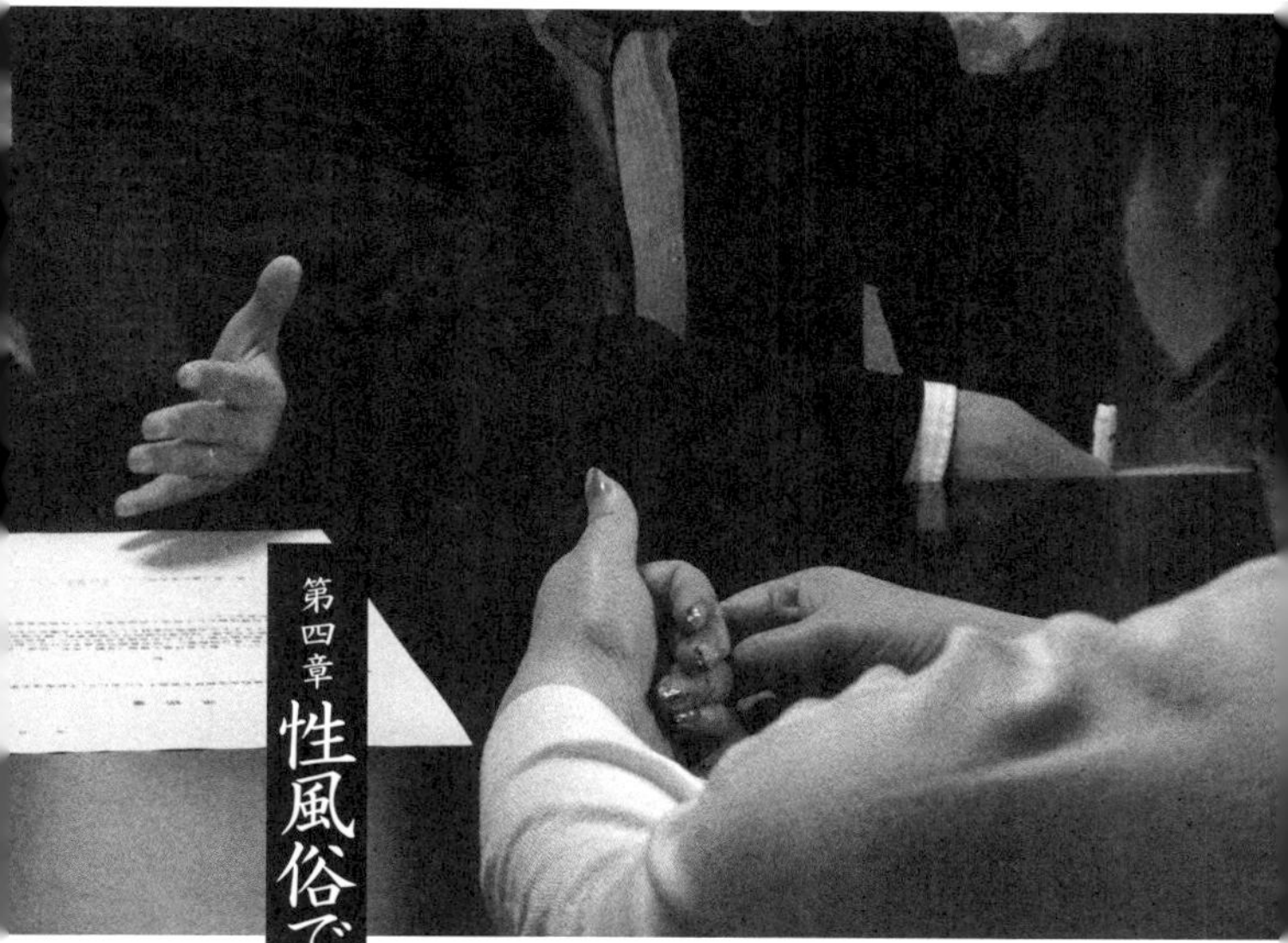

第四章
性風俗で働くことの本当の怖さ

1　共助の中で生みだされる落とし穴

†いびつな共助が生み出す「マイルドな人身売買」

「ネットの世界では、画面の向こう側に「自分を観ている人がいる」ということを忘れてしまうんでしょうね。だから、顔や身体を無防備に晒してしまう」

そう語るのは、ある地方都市でデリヘルを経営する村瀬隆史さん（二十七歳）。村瀬さんの店では、多くの女性がホームページ上で顔写真を出している。

人間関係の狭い地方都市の場合、地元のデリヘルで顔出しをして働くことは、女性にとって社会的な自殺行為に近い。それではなぜ、村瀬さんの店で働く女性たちは堂々と顔を出しているのだろうか。

答えは簡単で、彼女たちは地元の人間ではないからだ。村瀬さんの店は出稼ぎの女性を受け入れており、首都圏からやってきた二十〜三十代前半の女性たちが多数在籍している。

彼女たちがわざわざ地方都市まで出稼ぎにやってくる事情は様々だが、東京でホストにハマって多額の借金を作った女性が、スカウト経由で紹介されて出稼ぎにやってくる、というケースが多いそうだ。

出稼ぎにきた女性たちは、地方都市に滞在中、店が用意したマンション寮に入って過ごす。また保証金制度もあり、客がつかなかった場合も一定の金額をもらうことができる。

一見すると至れり尽くせりのようだが、滞在中はほとんど「軟禁」と言えるような生活を送ることになる。

マンション寮の部屋から一歩も出ずに、一日十二時間待機しなければならない。仕事が終わるのは午前三時から明け方の五時。そのまま部屋で寝て、起きたら引き続き待機。店のスタッフと客以外、話し相手はいない。

こうした生活を数週間、場合によっては数カ月繰り返す。

これで相応の金額を稼ぐことができればいいのかもしれないが、全員が思い通りの金額を稼げるわけではない。

保証金も、実際の本人のルックスや指名の度合いによって、事前に提示された額から下げられてしまうこともある。それでも稼げない場合は、途中で契約を切られて帰らされてしまうこともあるという。

†箔をつけるためＡＶに出演

　こうした出稼ぎを繰り返しているうちに、彼女たちはホームページ上での顔出し等の露出に抵抗がなくなっていく。露出に対する意識が麻痺してきた頃が、スカウトが彼女たちにＡＶ出演を提案する絶好のタイミングだ。

　ＡＶ出演自体は単価が安いため、ほとんど稼げない。しかし、一作品でも商業ルートに乗せることができれば、ＤＭＭなどのメジャーなアダルト通販サイトに女性の名前とパッケージが掲載される。それを検索して発見した客に「本物のＡＶ女優なんだ！」と思わせることが可能になる。つまりＡＶ女優という箔をつけて風俗で稼ぐために、ＡＶ出演を利用するというわけだ。

　一方、村瀬さんによれば、出稼ぎの女性だけで店を経営することはなかなか難しいそうだ。

「女性にもよりますが、出稼ぎ嬢は意外とプロ意識が低く、店を転々としているため、きちんとした教育や講習を受ける機会もない。

顔出しができるという理由で出稼ぎの女性を広告塔に使うお店もありますが、プロ意識が低く、接客スキルのない女性を店の看板に使うのは、色々な意味でリスキーです。

また出稼ぎの女性を集めるためにはスカウトを使う必要がありますが、そのためのコストがかさんで店側が疲弊してしまうこともあります。

出稼ぎの子はあくまで一過性、サブのメンバーなので、きちんと地元の子をメインに使っていかないといけない。やはり地方では、女性やお客様との間に信頼関係がないと経営できませんから」

出稼ぎで働く女性は、必ずしもスペックが高いわけではない。「スペックの低い人には、低くても働ける店を紹介しますよ」と村瀬さんはこともなげに語る。だが、「働ける」ことと「稼げる」ことはあくまで別問題だ。

そう考えると、「出稼ぎにきたけれども稼げない」というタイプの女性が、一番悲惨なのかもしれない。彼女たちに支援の手を届ける方策はあるのだろうか。

「出稼ぎの女性は、風テラスには来ないでしょうね。そもそも行く暇がない。地方都市にはホストクラブがなかったり、あってもつまらないことが多いので、彼女たちは基本的に街を出歩かないんですよ。せいぜい寮の近くのコンビニに行くくらいでしょうか。

そして一番大きな理由は、彼女たちの抱えている悩みに対して、風テラスの弁護士さんたち、そして私たちの出す答えは、多くの場合、彼女たちの欲しい答えではないんですよ。まぁ、彼女たちが東京に帰った時に風テラスに行くことはあるかもしれないので、チラシは店に置かせて頂きますよ」

こうした出稼ぎ風俗の世界は、業界のダークサイドが端的に表れている世界である。地方都市での仕事、マンション寮での「軟禁」、そしてAV出演の斡旋も、あくまで「稼ぎたい」と願う女性本人のニーズに店側やスカウトが応えた結果、生まれたものである。

しかし客観的に見れば、ホストで多額の借金を背負った女性を地方の性風俗店に送り込み、事実上の軟禁状態で働かせるということは、本人の同意があろうがなかろうが、「人身売買」「性的搾取」と受け取られても仕方がないだろう。

出稼ぎ風俗の世界で働く女性は働く店や地域を転々としているため、風テラスのような支援の手も届きづらい。

そして村瀬さんによれば、こうした出稼ぎ風俗のような仕組みでも、司法・福祉との連携によって問題解決を目指す風テラスのような仕組みでも「彼女たちの欲しい答えは用意できない」という。果たして、その言葉の真意は何なのだろうか。

2 自分も外の世界も透明になる

†主体性の欠如がもたらす泥沼

伊藤綾子さん（二十五歳）は、交際相手の男性に貢ぐためにデリヘルで働いている。男性はパチンコ依存であり、綾子さんが仕事で稼いだお金は、パチンコの軍資金、そして生活費や借金の支払いで全て使い果たしてしまう。

それでも足りなくなると、男性はさらに借金を重ねて、「返済期日までに風俗で働いて、なんとか返してほしい」と綾子さんにしつこくＬＩＮＥで連絡してくる。

綾子さんにとって、デリヘルの仕事は苦痛以外の何物でもない。客と接すること自体に恐怖を感じるようになったため、最近は思うように稼ぐことができなくなっている。だが貢ぐことができないと、男性は綾子さんに会ってくれないという。

デリヘルをやめてしまえば楽になるが、そうすると男性に会えなくなる。デリヘルを続けていれば、男性とずっと一緒にいることができる。

せめて他の仕事でデリヘルと同じくらい稼げる仕事が見つかればいいのだが、そんな仕事は存在しない。むしろ自分に貢いでくれる男性がいてくれたら……と思うこともある。

「彼のことは大好きです。だから、なんとかして助けてあげたいという気持ちと、仕事が嫌でやりたくないという気持ちの板挟みになっていて、とても辛いです。

どちらかを選ぶのは無理なので、いっそのこともう死んで、全てを終わりにしたい……とさえ思ってしまいます」と綾子さんは消えそうな声でつぶやく。

綾子さんは現在は精神科に通っており、睡眠薬と抗不安剤を処方してもらっているが、薬を飲んでも現実は変わらないため、根本的な解決にはなっていない。

†主体性や当事者意識を希薄化させる磁場

性風俗は、目的意識や主体性のない女性すらも優しく包みこむ世界だ。彼氏やスカウトに流されやすい女性が吸い寄せられた結果、DVや共依存といった歪んだ人間関係を支えるための資金源になってしまうこともある。

一部のエリアの風テラスでは、待機部屋を訪問した際に、相談員が待機中の女性たちに「現在仕事や生活で困っていること」を調査するためのアンケートを配布している。

アンケートを記入している時点では、「今は、特に困っていることはないんですよね～」と語る女性も、回収後に相談員が雑談交じりに質問をしていくと、借金や家庭不和、セカンドキャリアに対する不安など、様々な問題が出てくる。

一見すると「困ってない」ように見える人ほど、実際にはかなり深刻な問題を抱えていることが多い。困っている人は、自分が困っていることを隠す傾向にある。性風俗のみならず、生活困窮や貧困というものは、そもそも他人には見せたくないものである。

そして本当に困っている人は、自分が困っていることにすら気づかないのだ。困っていることを自覚した時点で、既に手遅れになっていることもある。

†当事者意識を持たない方が稼げる？

地方都市に住む大学生の田中真奈美さん（二十一歳）は、毎週のように店のワゴンに乗って県内を縦断している。在籍しているデリヘルグループが県内の各地に店を出しているので、その日の気分や体調によって、働く店を使い分けている。

人口百万人近い政令指定都市の繁華街で働くこともあれば、出張客の多い中核都市のビジネスホテルに行ったり、水田の真ん中にラブホテルが並んでいるような田舎町で働くこともある。

「私、田舎の店では六十分一万八千円のプラチナランクなんですけど、都会の店ではあえて六十分一万五千円のシルバーランクで登録しているんですよ。都会は客数が多いので、薄利多売の方が結果的に稼げるんです」と真奈美さんは笑顔で語る。

生理のためにデリヘルで働けない時は、いわゆる手コキ店＝ハンドサービスのみの店で働く。

「手コキの店で働いている時は、お客さんにはデリヘルで働いていることは隠していますね。手コキのお店では脱がないのに、デリヘルで脱いでいることがバレると、価値が下がってしまうじゃないですか。ネットの掲示板でも「あの子はデリヘルで働いている！」と書かれますしね」

ランクや業態を変えながら働くエリアを転々としている真奈美さんの例は、性風俗では当事者意識やセルフイメージを固定しない方が稼げるという現実を端的に表している。

特にデリヘルでは、素人に近いこと＝風俗慣れしていない女性の方が男性客の評価が高くなる傾向にあり、プロとしての細かい技術や礼儀作法はそれほど重視されないことも、当事者意識を希薄化させる一因になっている。

†あらゆるものが「見えなくなる」世界

前章で分析した通り、性風俗の世界は、多重化した困難を抱えた女性たちが、複雑に絡まり合った困難を一発で解決するための「快刀」を求めて集まってくる世界だ。

彼女たちの声に応える形で、性風俗の世界が用意している一つ目の「快刀」は、「匿名化」である。

デリヘルは、誰もが匿名になれる世界である。営業・求人・宣伝の全てがネット上に移行し、店の看板もなければ事務所の場所も非公開のため、リアルの世界からは何も見えない。女性の過去と実名は全て不問にされ、複数の源氏名を使い分けて働くことができる。

誰もが匿名の存在になれる反面、匿名になっている期間が長すぎると、自分が誰なのか、どこにいて何をしているのかさえ見えづらくなる。当事者意識や目的意識すらも見えなくなってしまうのだ。

性風俗は「なんとなく」始められる仕事だが、やめる時は「なんとなく」ではやめられない。その背景には、こうした匿名化による影響が隠れている。

田口恵理さん（三十五歳）は、「借金の額が分からない」という相談で風テラスを訪れた。多重債務の状態で、複数の債権者からの取り立ての電話が鳴りやまない。

友人への名義貸しによって背負ってしまった借金もあり、どこにいくら借りているのか分からなくなってしまった。

返済のためのお金を用意するために、別の消費者金融からまた借りる……という悪循環。税金やローンの支払いもどうなっているのか分からない。「郵便受けに届く手紙を開ける勇気がないんです……」と恵理さんは訴える。

相談を受けた風テラスの弁護士は「債務の中には、支払う必要がない＝既に時効になっているものもあると思うので、整理してみましょう。債権者は債務者のリストを購入して、時効になっているのを分かった上で片っ端から通知を送ってくるので、間違って支払ってしまってはいけません。

時効援用通知書（時効の制度を利用する意思を相手に伝えるための書面）のデータをメールで送りますので、コンビニなどでプリントアウトして、サインと印鑑を押して債権者に郵送してください。必ずコピーを取っておくのを忘れないでくださいね」と回答した。

「ありがとうございます。どうしてもその日暮らしの自転車操業になっちゃうので、お財布に何も残らないんです」と恵理さんはうつむいた。

デリヘルで働く女性たちの中には、恵理さんのように毎月の収入や支出を全く記録していない人がかなり多い。軽度知的障害や発達障害に伴う注意散漫などで、そもそも記録自体ができない場合もある。分からないから、見えないからこそ、不安になる。

†見えない困難を「見える化」する

「そもそも何に困っているのか自体が分からない」「抱えている困難や課題の全貌が把握

できていない」という女性に対しては、風テラスの相談員は、できることから一つずつ計画的に片付けていくことを提案する。

具体的には、「家賃を貯める」「毎月の収支を記録する」「滞納者用の健康保険証を作成し、滞納分を把握する」「借金は自己破産を選択肢に入れて考える」「性風俗の仕事を続けながら、就労移行支援の利用や福祉的就労を検討する」などだ。

一方的な善意の押し付けや指導ではなく、本人が自分の意志で決定するための状況把握のための助言と情報提供を行う。決めるのは、あくまで本人だ。

本人が抱えている多重化した困難を「見える化」して解きほぐし、一つ一つの問題の解決の道筋を明らかにしていくことが、風テラスの相談員の仕事である。

ただし、こうした「見える化」は、これまで見て見ぬふりをしてきた現状に向き合う必要があるため、本人にとっては苦痛を伴う作業だ。

また性風俗が「見えない」のは、社会にとってだけではない。働いている彼女たち自身にとっても、性風俗は「見えない」存在なのだ。性風俗は誰にもその姿を見せない。

そして、「見えない」世界の中で働いているうちに、彼女たち自身もまた「見えない」存在へと変化していく。

「見えない」世界では、働くことで失ったもの、奪われたものが何なのかすらも「見えない」のだ。自分の置かれている状況が把握できないまま、生き苦しさだけがどんどん増していく。そして自分自身も「見えない」存在になっているので、助けを呼ぶこともできない。仮に声を上げたとしても、誰も気づいてくれない。

不透明な世界での包摂力の高さゆえに生じる地獄が、そこにはある。

3 「すべて現金化できる」という魔力

†あらゆるものを「現金化」できる世界

多重化した困難を抱えた女性たちのために、性風俗の世界が用意している二つ目の「快刀」は、「現金化」だ。

性風俗は女性にまつわる森羅万象を現金化できる世界である。唾液・母乳・尿・大便といった分泌物や排泄物、使用済みの下着やパンストなどの衣類、写真や動画の撮影、バイブやローター、オナニー鑑賞、顔面への射精から肛門性交に至るまで、あらゆる行為をサービスやオプションの形で現金化できる。

そして会話などのコミュニケーションや一緒に過ごす時間、年齢・身長・体重・容姿・性格などの属性、学歴や昼間の職業などの社会的立場も、全て現金化できる。

年齢に応じて、「ギャル系」「学園系」「ロリ系」「人妻店」「熟女店」といったカテゴリーが用意されており、身体の各部位のサイズによって「巨乳専門店」「貧乳専門店」「低身長専門店」「高身長専門店」「ぽっちゃり専門店」といった働き先を選ぶことができる。

そして前述の通り、性風俗は下手に当事者意識を持たず、セルフイメージを固定しない方が稼げるという現実がある。言い換えれば、当事者意識すらも現金化できるというわけだ。

十八歳の少女から臨月の妊婦、閉経を迎えた熟女に至るまで、性風俗は全ての女性を何も言わずに受け入れてくれる。現金はあらゆる苦しみを癒す力を持っている。

触れたものを全て黄金に変える力を身につけたギリシャ神話のミダス王のように、性風俗で働くことを選んだ女性は、自らの身体や属性の全てを現金化できるようになる。

だが、その黄金の魔法はいつまでも続かない。現金化可能な対象の種類や範囲は、時間と共に狭まっていく。二十歳で現金化できたものも、三十歳では現金化できなくなる。

＋現金化の果てにメンタルを壊した女性

「売れるものが何もないから自分を売っているのに、それすらも売れなくなったら、私はどうすればいいいんでしょうか？」

松永美紗子さん（四十歳）は、マスクをした口を押さえながら、か細い声で話し出した。美紗子さんは、デリヘル以外の仕事をした経験がない。高校中退後、法改正でデリヘルが届け出制になった頃に働き始めて、気がつけば二十年近く働き続けてきた。

二十歳の時、就職活動をし内定をもらったのだが、その時にたまたまメル友探しのサイトで出会った男性に、「君だったら稼げるよ」と、デリヘルで働くことをもちかけられた。体験入店初日で数万円稼ぐことができ、「こんなに簡単に稼げるんだ」と驚いた。

内定先の会社に入っても、月給は手取り十五万円以下。だったら、このままデリヘルで働き続けたほうが得だと考えて、内定を蹴って風俗を選んだ。

それから二十代半ばの頃まで、多い時は月に二百万円近く稼ぐことができた。欲しかった洋服やブランド物のバッグ、家財道具も簡単にそろえることができた。

しかし、病気の親族に対する援助や毎月の生活費でいつの間にかお金はなくなってしまい、今はほとんど残っていない。日払いで高額を稼ぐことができていた時の習性で、とにかく手元にあるお金を全て使ってしまう。そしてそれが治らない。

「居心地の良さのあまり、時の流れに気づかなかったのかもしれません。一番稼げる時期に、稼ぎきれなかった。稼ぎきってやめる、ということができなかったんです。気づいたときは四十になっていた。三十代の半ば頃から体力的・精神的に疲れてきたので、ちゃんとした仕事で働きたいとずっと思っていたのですが、このお仕事はお金が良いので、ダラダラ過ごしてしまった感じです。好きでもない男とするのは嫌。でも、やめられないまま、もう二十年もやっている」

安月給でもいいので、別の仕事を探そうと考えたが、学歴は中卒なのでそもそも選べる仕事がない。

働かせてもらえるならどこでもよい、と考えてヘルパー二級の資格を取ったが、実習の時に認知症の高齢者の介護をした際、話しかけても無反応だったり、怒鳴ったりする人たちばかりで、どうしてよいかわからなくなってしまった。「これは自分には無理だ」と感じて諦めてしまい、現在も日払いの生活から抜け出せない状態だ。

†仕事で病むのではなく、「お茶」で病む

金銭感覚や精神年齢、社会性の欠如は若い頃と変わらないまま、収入だけがどんどん減っていくという状態は、生きた心地がしないだろう。

他の女性たちから無視されたり、悪口を言われているわけでもないのだが、メンタルが不調になると頭の中に不安と被害妄想が広がり、待機部屋に居づらくなる。「ここで失敗したら、もう仕事がないんです」と美紗子さんはうつむく。

店長からは、「店は友達をつくる場ではないので、待機部屋では無理に他の女性と仲良くしなくてもいい」と言われているが、「自分はここで失敗したら、もう仕事がない」という思い込みが消えず、なんとか他の女性たちやスタッフとうまくコミュニケーションを取ろうとするのだが、空回りしてしまう。

心身共に非常に辛い状況だが、美紗子さん本人は、「自分程度のこんな悩みで、わざわざ相談してもいいのか……」と、自分の置かれている状況を低く見積もっていた。

「相談にお越しくださって、ありがとうございます。お辛い状況の中、よく電車でここまで来てくださいましたね」と風テラスの相談員がいたわりの言葉をかけると、美紗子さんは顔を覆って号泣した。

性風俗で働く女性は、仕事で病むのではなく「お茶」で病む。「お茶」とは、お茶をひく＝丸一日客がつかないという意味の業界用語だ。自らの身体や感情を現金化しているから病むのではなく、現金化できなくなったからこそ病むのだ。

†自己責任思考に囚われた彼女たち

清野佳奈さん（二十七歳）は、デリヘルの客として出会った男性とプライベートでも会う関係になった。

相手の男性が既婚者であることは分かっていたが、「妻との関係は冷え切っているので、別れて君と結婚したい」という彼の言葉を信じて、三年近く交際を続けていた。

そんなある日、男性の妻の代理人弁護士から、慰謝料三百万円を請求する文書が送られてきた。驚いた佳奈さんはすぐに男性に連絡したが、電話もＬＩＮＥもつながらない。

パニックになった佳奈さんは、どうしていいか分からず、お店のスタッフに相談した。

お店のスタッフから連絡を受けた風テラスの弁護士が対応し、佳奈さんに今後の対応について助言した。

「佳奈さんご自身が、交際相手の男性が既婚者であることを認識しながら交際していた以上、一定の慰謝料は支払わざるを得ないでしょう。

仮にその男性から「妻との婚姻関係が破綻していた」という説明を受けていたとしても、実際に婚姻関係が破綻していたか否かは、別居していたか否かで判断されることが多いです。

そのため、佳奈さんが男性の言葉を信じていたとしても、慰謝料の支払い義務は生じてしまいます。一定の金銭を支払う方向で、和解の方法を模索することが望ましいと思います」

弁護士の説明を聞いた佳奈さんは、「そうですよね……。彼と店外で会ってしまったのも、既婚者だと知りながら付き合ってしまったことも、全部自分のせいなので、仕方がないですよね……」と、うつむきながらつぶやいた。

風テラスに相談に訪れる女性たちは、佳奈さんのように「自分のせい」という言葉を繰り返すことが多い。

「離婚をしたのも借金をしたのも、結局全部自分のせいなんですけど」
「稼げないのは店のせいではなく、自分のせいだと思います」
「お店の電話が鳴らないのは自分たちのせいでもあるので、暇な時間は辛いです」

第二章で整理したように、性風俗で働く女性は、様々な社会的課題を体現した存在である。彼女たちが性風俗で働く理由の大半は、マクロな視点で見れば「自分のせい」ではなく「社会のせい」である。

その一方で、彼女たちは現在置かれている状況を全て「自分のせい」だと考えている。性風俗で働く女性は、何かにつけて周囲から「自己責任」という言葉で責められがちだが、彼女たちを最も強く責めているのは、彼女たち自身に他ならない。
自らの抱えた問題を、自らの身体・年齢・容姿・時間を現金化して自力で解決しようとする姿勢は、自己責任思考の究極の体現者だと言える。

風テラスを実施していく中で、吉原の高級店でナンバーワンクラスの女性も、鶯谷の激安店に在籍している女性も、「全ては自分のせい」という自己責任思考を内面化している、という共通点があることに気づいた。売り上げや収入、指名数や業界歴にかかわらず、この世界で働く女性たちは自己責任思考から抜け出せない傾向にある。

†性感染症も自己責任？

こうした自己責任論の内面化と、それに伴う社会的孤立は、働く彼女たちの身体に深刻なダメージを与えることになる。

その一つが、性感染症だ。性風俗で働く女性にとって、性感染症は避けて通れない問題の一つである。

現場のコンサルタントや風俗情報サイトの運営会社のデータを見ると、性感染症の陽性率はおおむね二十五％前後。すなわち、性風俗で働く女性のうち、四人に一人は何らかの性感染症に罹っている計算になる。

喉から細菌が入るため、扁桃腺をやられる女性も多い。いわゆる「即尺サービス」（会ってすぐ、シャワーを浴びる前に女性が客の性器を口でくわえるサービス）、「即即サービス」

（シャワーを浴びる前にベッドに移動し、そのまま客に挿入させるサービス）などの不衛生極まりないサービスも、性感染症の拡大の原因になっている。

ただし、働く女性の性感染症に対する危機意識は必ずしも高いとは言えない。店側が検査を勧めても、費用負担を嫌がってなかなか検査に応じない女性も多い。「即尺で結果的に性感染症になってしまいましたが、それでも何とか指名がついて生活することができたので助かりました」と語る女性もいる。

現実的には、性感染症は男性客を含めた問題なので、女性側だけがどれだけ検査をしてもなくすことはできない。真面目に検査をしている店や女性ほど不利になってしまうという傾向もあり、検査自体をやめてしまう店もあるという。

性感染症に感染すると、少なくとも数週間〜一カ月程度は仕事を休まなければならなくなる。その間の収入は当然ゼロだ。誰も保証してくれない。性風俗で働いていた・性感染症に罹ったという二重の言い辛さがあるため、人に話すこともできない。

こうした自助努力だけではどうしようもない外的要因があるにもかかわらず、彼女たちは自己責任思考に囚われているゆえに、困った時に「助けて」と言えない。

自分の窮状を他者に伝えて、援助を受ける力＝「被援助力」が身につかないのは、本人にとってまさに死活問題だ。

†自己責任思考と本番

性感染症と並んで深刻なのが「本番」の問題である。

デリヘルでは男性器の膣への挿入＝本番行為は禁止されているが、稼ぐために自らの意志と責任で本番に走る女性は一定数存在する。年齢や容姿の面で稼げなくなった女性は、指名を増やすための最後の手段として、やむをえず本番を選ぶ。

ある地方都市でラブホテルを経営している二十代後半の若手経営者は、「この地域では、四十歳以上の女の子はみんな本番やっていますよ」と語る。「でもそれを一概に咎めるわけにはいかない。そうしないと生きられない人たちがいるのだから」

しかしデリヘルの世界は、本番をするだけで稼げるほど甘い世界ではない。

地方都市で複数のデリヘル店を束ねている三十代の若手経営者は、「本番嬢は長続きしない。お客様が求めているのは、あくまで疑似恋愛です。「私といる間だけは、結婚指輪を外してくれませんか」とせがんだり、性格美人な女性、雰囲気づくりのうまい女性が売れる。サービス意欲のないマグロでは売れませんよ」と冷たく言い放った。

ある格安デリヘルグループの経営者は「本番嬢は百二十分の指名が取れない」と語る。本番だけではサービスがすぐに終わってしまい、その後の間が持たないからだ。結果的に、長時間の指名が取れず、稼げない。また一度本番をした客はその時点で満足してしまい、リピートにもなりにくい。

「特に我々のような低価格帯のお店では、属人性を排除する経営にならざるを得ない。つまり、全ての女性に基本サービスを徹底してもらうというスタンスです。

そのため本番を売りにする女性、本番で楽をしようという女性は生き残れない。うちの店では、女の子の本番が発覚した場合、それ以降新規の客はつけない、というルールを徹底しています。それでもそうした女性のうち、三割は注意しても治らないですね」

では、そうした「治らなかった彼女たち」「本番をしても稼げなくなった彼女たち」は、どこへ行くのだろうか。

コンドームを使わない「生本番」を売りにする、という選択肢もある。しかし、生本番は性感染症への感染や望まない妊娠を招くリスクがあり、衛生的には極めて危険な行為である。ひとたび性感染症に罹ってしまえば、働くこと自体ができなくなる。

一部の店舗や業態では、ピルを服用して生本番を提供している女性もいるが、性感染症の検査費用や不特定多数の男性から膣内に射精されることの精神的・肉体的なストレスを鑑みれば、大半の女性にとっては全く割に合わないサービスだと言える。

論理的に考えれば、本番をしても稼げなくなった時点で、性風俗の仕事をやめる以外の選択肢は残されていない。

しかし、「いびつな共助」としての性風俗は、そう簡単には抜け出せないのだ。

4　消えない過去から逃げられない

†消えない過去と消せない画像

山田みずほさん（二十六歳）は、三カ月前にデリヘルをやめて、昼間の仕事に移った。これまでの過去を全て忘れて新しい生活を始めたはずだったが、ふと以前働いている店の系列店のホームページを見た時に、自分の写真が源氏名だけ変えて掲載されていることに気がついた。

急いでお店に連絡したが、「別人の写真である」ということで削除することを拒否された。また店の公式ページだけでなく、風俗情報サイトのページにも掲載されていることに気づいた。

困り果てたみずほさんは、なんとかして写真を削除したいと考えて、風テラスに相談に訪れた。「やめた後も延々と自分の写真が掲載されているなんて、生きた心地がしないです。働いていたことの罰なのでしょうか」とみずほさんは訴える。

仕事をやめた後の画像・動画の削除に関する相談は、風テラスに寄せられる相談の中でもかなり多い。

デリヘルの求人・集客が全てネット上で行われるようになり、写メ日記やツイッター等のSNSが空気のように使われるようになった結果、ネット上に大量の情報や画像が残ることになる。そして、その全てを消すことは物理的にも法律的にも難しい。

いわゆる詐欺店や振替店と呼ばれる店の中には、他の店のキャストの写真を勝手に盗用して自店のホームページに掲載しているところもある。ツイッターのアイコンなどにも無断で使われる場合があり、一度アップした写真の拡散先を把握することは不可能だ。

†止められないネット上の誹謗中傷

川崎さつきさん(二十歳)は、匿名掲示板にデマを書かれていることに悩んでいる。「本番をやっている」「即尺している」「お店のスタッフと付き合っている」といったデマを頻繁に書き込まれている。

書き込みのせいで、毎週来ていた常連さんがパタッと来なくなり、写メ日記のコメントも減った。「完全に営業妨害だと思います」とさつきさんは怒りを隠さない。それらのデマをお店の人に見られて、変に気を遣われるのも不愉快だと感じている。

犯人には心当たりがある。ある客から本番を要求され、拒否したら口論になった。その場はどうにか収めたものの、翌日から匿名掲示板での誹謗中傷やデマの拡散が始まった。「デマだから、見なければいい」とスタッフからは言われているが、どうしても気になってみてしまう。できればスレッドごと削除したい。

源氏名は個人情報にならないことが多いため、源氏名に対する誹謗中傷を削除をすることは簡単ではない。風テラスの弁護士は、まずさつきさんが自分で削除要請をする方法を提案。「いきなりスレッドごと削除することは無理でも、個々のレスを削除することができれば、それが牽制になる。書き込みにくい空気を出すことができます」と提案した。

†誹謗中傷に耐えられる人はいない

現在「女性がデリヘルで働く」ということは、ネット上での絶え間ない悪意や誹謗中傷に晒される、ということとほぼイコールになっている。

掲示板にリストカットの痕や病歴、性器の色合いやサイズ、口臭の強さまで執拗に書かれる。自らの外見や身体を公の場で批評されるのは、誰にとっても酷だ。

ネット上の誹謗中傷に対して、あるデリヘル店の男性スタッフは「女の子には「病みたければ見ろ」と伝えています。匿名掲示板は悪いことしか書かれていないのだから、見ても嫌な気分になるだけだし、そもそも見る意味がない。

ネットに書かれるということは、それだけその女の子が仕事で頑張っている、輝いている証拠です。勲章のようなものなのだから、わざわざ検索して見ないで、全てスルーすればいい」と語る。確かに正論ではある。

しかし、「見たら負け」と思いつつも、つい気になって検索してしまい、結果的にメンタルを壊してしまう女性も多い。時速百キロで走るトラックにはねられて重傷を負わずに済む人がいないように、一定の閾値を超えた悪意に、精神的に耐えられる人はいない。どれだけメンタルが強い人であっても、だ。

†やめた後も落ち着けない

ネット上での誹謗中傷は、性風俗の仕事をやめた後も続く。

退店した女性の行く先や個人情報を執拗に探す元客もいるため、「働いていたことをいつ・どこで・誰にばらされるか分からない、という不安で落ち着けないんです」と訴える女性もいる。

身バレを不必要に気にしている女性は多い。役所や不動産屋の窓口で「現在の勤務先」を書かなければならない状況になり、どうすればいいか分からずにパニックになってしまった、と語る女性もいる。自分や他人、周りに嘘をついて生き続けることのストレスは決して低くない。

警察やクレジット会社、弁護士から「デリヘルで働いている」という情報が洩れるのでは……と臆病になってしまい、誰も信用できず、どこにも相談できないという人もいる。

実際にはそんなことはないし、法的にも社会的にも不利益はないのだが、本人は過度に気にしてしまい、不利益を受けているかのように行動してしまう。

†アウティングのターゲットになる

ネット上の誹謗中傷よりもさらに悪質なのが、アウティング＝性風俗で働いていたことを家族や実家にばらされる被害だ。

笹川怜奈さん（二十三歳）は、夫と離婚したいと考えているが、「離婚したら、デリヘルで働いていることを友人・知人に全てバラしてやる」と脅されているため、なかなか離婚できない。「そもそもデリヘルで働くようになったのは、夫が生活費を入れないから。なのに、なんで私が脅されなければいけないのでしょうか」と怜奈さんは怒りを隠さない。

石川美弥子さん（三十歳）は、担当のホストに多額の借金があり、毎月の生活費と家賃の支払いが苦しくなっている。ホストからは「これ以上返済が遅れたら、親に仕事のことをバラして、残りの借金を払ってもらうぞ。悪いのは全てお前だから、警察や弁護士に言っても無駄だからな」と脅されている。相手に免許証をコピーされており、実名と住所がばれているため、毎日が不安で仕方がない。

風テラスの弁護士は「美弥子さんの借金をご両親が返済する義務はないので、親には予めうまく根回しをしておき、万が一ホストが家までやってきたら警察を呼ぶ、という対応をした方がいい」と助言した。

村上萌さん（三十一歳）は、正体不明の相手からアウティングの被害を受ける。おそらく常連だった客の一人だと思うが、詳しくは分からない。

萌さんの勤務している店のホームページに掲載されている画像を透明な封筒に入れて実家に送り付けたり、家族の勤め先にまで非通知設定で電話をかけてきて、萌さんがデリヘルで働いていることをしつこく吹聴している。

「デリヘルで働いていたのは事実だし、自分が責められるのは仕方がないと思います。でも、家族にまで知られてしまい、迷惑がかかっている。「店をやめて帰ってこい」と言われているのですが、私はまだ東京で働きたいので、帰りたくないんです。でも、これ以上両親に心労をかけるわけにはいかないし……」と萌さんは嘆く。

警察は、こちら側で相手を特定しないとまず動いてくれない。弁護士に相談しても、相手が分からないと対応が難しい。相手の顔が見えないまま、されるがままに被害を受け続けるしかない。

†税金と社会保険の壁

彼女たちの昼職への復帰を妨げているハードルの一つが、税金だ。性風俗で働く女性の大半は、確定申告をしていない「無申告」の状態だ。

お店から所得証明書を出してもらい、確定申告を行っている真面目な女性もいるが、そもそもどの税金を・いつから・どのくらい滞納しているのかを把握できていない人も多い。

「お店をやめたいのですが、やめると言ったら、お店のスタッフから税金を申告していなかったことを税務署に通報してやる、と脅されています。どうすればいいでしょうか？」

風テラスにこうした相談が入ることがある。税金を払っていないということが女性の精神的な重荷になっており、それを逆手に取られて脅されてしまう。

これとは逆に、店のスタッフから「税金を払っていないけどどうしよう、という子に対しては、お店としてサポートできることは本当に少ない。何もしてやれないんです」と愚痴を聞かされることもある。

無申告は、社会のルールやモラルに反するというだけではない。税金を支払わないと、行政や福祉の様々な制度とつながれなくなる。課税証明書を提出することができなければ、各種手当ももらえず、子どもを保育園に入れることもできない。アパートを借りることやローンの支払いも困難になる。事故に遭った際に保険が下りないこともある。

風テラスでも「申告するのであれば、交通費や衣服代等を仕事の経費としてきちんと計上したほうがいい」「未納・滞納分については役所で分納手続きをすることも可能ですよ」といったアドバイスをすることがある。

税金の問題は、働いている最中よりも、やめようと思った時、またやめた後に顕在化することが多い。例えば、やめた後に離婚や債務整理で法テラスを利用する場合、性風俗で働いていた時の収入資料（課税証明書）があれば弁護士費用を抑えられるが、それがないと多額の費用を支払うことになる。

やめてから数年経った後に税務調査が入り、それによって性風俗で働いていたことが家族にばれてしまい、家庭が崩壊してしまうことも起こりうる。

税金を支払わずに済む、ということは、短期的に見れば「メリット」かもしれない。しかし長期的に見れば、未納期間や滞納期間が長ければ長いほど、社会生活を営む上で確実にマイナスの影響が生じる。

5　客と付きあったら、こうなった

†直引きこそが最強の収入？

加藤結衣さん（二十九歳）は、学生時代にデリヘルで知り合った客から、毎月数回のデートを条件に金銭的な援助を受けることとなり、以後五年間、その男性の援助に頼って生活をしていた。

しかし男性との関係が悪化し、今月から援助が受けられないことになってしまった。

これを機にきちんとした仕事に就きたいと考えているが、これまでデリヘル以外に仕事の経験がない。

このように就職活動をしたら良いか、職務経歴書を書く際にデリヘルで働いていた期間をどのように埋めればいいのか分からず途方に暮れてしまい、風テラスへ相談に訪れた。

結衣さんのように、店で知り合った客を「直引き」する＝店を通さずに店外で直接会って愛人関係を結ぶ人は少なくない。

一部の女性の間では、「直引きこそが最強の収入」と言われている。店を介さずに全額を自分のものにできるだけでなく、一対一の関係になることで、不特定多数の相手に接客をする必要がなくなる。性感染症や性暴力被害に遭うリスクもある程度減らせる。

最初から直引きの相手を探すために、デリヘルで働いている女性もいれば、直引き「される」こと＝店外で会える女性を求めてデリヘルに通う男性もいる。

一方で、直引きした相手との間で金銭的なトラブルが発生するリスクも高い。店が守ってくれなくなるので、発生するリスクは全て女性個人に降りかかる。結衣さんのように援助が打ち切られるだけならばまだマシな方で、別れる際に「これまで渡した分を返金しろ。さもなくば詐欺罪で訴えてやる」と脅される場合もある。

風テラスでも、店外デートや直引きに関連するトラブルの相談はかなり多い。直引きは、一見するとローリスク・ハイリターンに思えるかもしれないが、実際の予後は悪い。

仮に直引きした相手と結婚できたとしても、結婚後にトラブルになる場合もある。元客の男性にかぎって、むしろ性風俗への差別意識を強く内面化していることもある。

「何かにつけて夫から「お前は風俗で働いていたくせに」と見下されるので、非常に不快です」と語る女性もいる。性風俗で働いていたからこそ出会えたのに、性風俗で働いていたことが夫婦不和の原因になる、というジレンマだ。

†子どもの認知問題

直引きに絡んで発生するトラブルの一つが、子どもの認知に関する問題だ。

吉田可奈子さん(二十四歳)は、デリヘルで客として出会った男性と店外で会うようになり、交際関係になった。しばらくして、可奈子さんは妊娠。男性に報告したところ、「俺の子じゃない」「他の客の子だろう」と言われて、認知を拒否された。

そうこうしているうちに、中絶できる期限を過ぎてしまった。このままでは未婚の状態でシングルマザーにならざるをえない。子どもができたら、仕事もできなくなって生活が苦しくなる。困り果てた可奈子さんは、風テラスに相談に訪れた。

風テラスの弁護士は、「子どもの認知に関して裁判を行う場合、費用は数十万円かかりますが、着手金は法テラスで立て替えることが可能です」と説明した。

可奈子さんは不安そうな表情で、「認知を求めて裁判を起こした場合、逆に彼から慰謝料とかを請求されないのでしょうか? また裁判の中で、デリヘルで働いていたことを言わなければいけないのでしょうか？」と質問した。

弁護士は「これまで相手から養育費をもらっていたわけではないので、訴えられることは考えにくいですよ。また裁判などの手続きで、デリヘルで働いていたことは言わなくていいです。詮索もされないし、結果にも影響を与えないので、こちらも大丈夫です。将来、お子さんの相続の問題になることもあるので、認知はしておいたほうがいい。交際関係を時系列で整理した資料を作っておきましょう」と答えた。

†彼女たちが直引きに走る理由

金銭トラブルや予期せぬ妊娠、それらに伴う裁判沙汰など、直引きは多くのリスクを孕んでいる。多くの店では「お客様との個人情報の交換は禁止」というルールを掲げている。これは店の利益を守るためだけではなく、女性の安全を守るためだ。

それにもかかわらず、直引きに手を染める女性は後を絶たない。それはなぜか。答えは簡単で、「直引きをしないと稼げない」から。さらに言えば、「直引き以外に、性風俗の世界から脱出する方法がないから」だ。

風テラスにも、「結婚以外で、風俗や貧困から脱出する方法はありますか？」という相談が来ることがある。

多重化した困難を抱えた女性たちは、複雑に絡まり合った困難を一撃で切り落とせる「快刀」を求めて、性風俗で働くことを決意する。

しかし、性風俗でも思うように稼げない場合、新たな「快刀」として、直引きによる愛人契約や結婚が怪しい輝きを放つのだ。

直引きした客との交際は、一見すると理想的に思える反面、リスクは高い。特に不倫相手という形になる場合、親や配偶者といった法律上の家族と比較して、生活を支えるセーフティネットとしては、法律的にも社会的にも極めて脆弱である。

相手方の非で別居することや別れることになった場合でも、婚姻費用や慰謝料は請求できない。逆に相手方の妻から慰謝料を請求される立場になってしまう。風テラスにも「お客さんの妻から訴えられた」という相談が寄せられたこともあった。

また色恋詐欺に遭う場合もある。田沢里奈さん（二十一歳）は、直引きで知り合った交際相手から「独立するのにお金を貸してほしい。頼れる人はお前しかいないんだ」と頼まれて、断り切れずにお金を貸してしまった。

その後も、相手は「病気になった」「家族の入院費用が必要」と様々な理由をつけてお金を無心してきた。複数の消費者金融や学生ローンなどからあわせて五十万円を借りてそのまま渡した。その直後、相手は音信不通になってしまった。電話もＬＩＮＥもつながらない。

「その時に、ようやく騙されたと気がついたんです」と、里奈さんは風テラスの弁護士に訴えた。

福祉でも性風俗でも解決できない困難を抱えた女性が追い詰められて直引きに乗り出し、そこでさらに困難を抱え込む結果になるという顛末は、「いびつな共助」の中で発生する一つの奈落だと言える。

6　奈落の底で奪われ続ける彼女たち

†現金化の果てに待ち構える奈落

性風俗の世界には、一つの法則がある。それは、あらゆるものを即日で現金化できるが、一度現金化したものは元に戻せない、という法則だ。

若さ、時間、人間関係、金銭感覚、風俗で働いていたという事実、ネット上で半永久的に残る画像や動画の数々。いずれも容易に元に戻せないものばかりだ。

女性にまつわるあらゆる行為や物質、イメージを現金化できる世界では、自らの未来すらも現金化できてしまう。人生における将来利益＝「正常な金銭感覚を保ちながら、安定した社会生活を営む権利」を現在価値で換金できるわけだ。

性風俗の仕事で得られる高収入は、クレジットカードのキャッシング枠を使い切った人がショッピング枠の現金化に手を出すことと同様に、将来の「セカンドキャリア枠」を現金化した結果として得られるものなのかもしれない。

限度を超えた現金化の果てに待っているのは、奈落しかない。

「こんなはずじゃなかったのですが……」

そう語るのは、林亜希子さん（四十一歳）。亜希子さんは、一年前から地方の性風俗店のマンション寮に子どもと二人で住んでいる。

離婚後、実家にも頼ることができずに住まいを転々としてきた。マンション寮に入り、ようやく子どもと二人で落ち着くことができて安心したのだが、店側から強制的な出勤ノルマをかけられて体調が悪化。精神的にも追い詰められてしまった。

寮の家賃、メイク代や撮影代などの雑費で、日々の売上の大半はなくなってしまう。とにかく一日も早く今の寮から出なければ、と考えているのだが、先月から携帯代を支払うこともできなくなり、電話もメールもできなくなってしまった。風テラスにはWi-Fiの使えるコンビニからLINE経由で連絡してきた。

スマホが普及した現在、生活に困窮して手元の現金が底をついてしまった女性が最後のSOSを発信する手段は、電話ではなくWi-Fi経由のLINEやメールになっている。

「風俗は稼げる仕事だと思っていたのに、こんなことになるとは思ってもみませんでした」と亜希子さんは語る。

「マンション寮完備」「託児所付き」といった「ハウジングファースト」の性風俗店は、一見すると生活に困窮した女性やDVから避難してきた女性に対して、職場・住まい・託児の全てを提供できる「ワンストップサービス」になり得るように思える。

しかし、私生活の全てを「見えない」世界に依存することには、大きなリスクがある。社会とのつながりを断たれ、風俗以外の人間関係も作れなくなるため、容易に社会的孤立に陥ってしまう。出稼ぎや子連れならば、なおさらだ。

そして仕事をやめることになれば、職場・住まい・託児先の全てを一気に失うことになる。そのため、やめたくてもやめられない。

性風俗はあくまで「その場しのぎの仕事」であり、マンション寮は「仮の住まい」にすぎない。「半年で稼げるだけ稼いで、さっさとやめる」べき仕事だと考えられてきた。

それがいつの間にか「本職」や「定住空間」になってしまい、人によっては生活の全てを性風俗に依存せざるを得なくなっている。仮の住まいが終の棲家になってしまったことによる困難もまた、「いびつな共助」の中で発生する奈落の一つだ。

†奈落のシンデレラ

杉山春乃さん（四十四歳）は、障害年金と生活保護を受給しながら、地方都市のデリヘルで働いている。ケースワーカーにはデリヘルで働いていることを隠している。

春乃さんがデリヘルで働く目的は、十一歳の娘に仕送りするためだ。三年前に離婚した際、娘の親権・養育権は元夫に取られてしまったという。

「娘は元夫のもとで、ひどい仕打ちを受けている。お小遣いも満足に与えられず、下着や服を買う余裕もない。そんな娘の支えに少しでもなれたらと、お金を送り続けているんです」と春乃さんは辛そうに語る。

離婚後は保険の営業職で働き、娘に仕送りするためのお金を工面していたが、体調を崩して精神疾患を患ったため、現在はデリヘル以外の仕事に就くことができない。

在籍している店ではほとんど稼げないが、写真付きの身分証明書＝運転免許証の期限が切れているため、他の店に移ることもできない。偶数月に支給される年金は全て娘に仕送りしているため、光熱費すら満足に支払えない状態だ。

娘の親権を取り戻すために、何人もの弁護士に相談しているが、全て依頼を断られている。元夫は高給取りで、地元の高級住宅街に一戸建てを持っており、祖父母とも一緒に暮らしている。

一方の春乃さんは収入がほとんどなく、精神疾患を患いながら、デリヘルの収入と生活保護でどうにか暮らしている状況。住んでいる市営住宅の部屋も、足の踏み場のないゴミ屋敷のような状態だ。親権者変更の調停を申し立てたとしても、勝てる見込みはない。

弁護士だけでなく、女性相談窓口や生活困窮者自立支援事業の窓口にも何度も相談しているが、現状を打開できる見通しは立っていない。元夫に対する憎悪、そして何とかして娘を助けたいという思いだけを支えにして、どうにか生活をしている状況だ。

「元夫は、仕事で詐欺をしていたことがあるんです。離婚したのもそれが原因です。明らかに元夫側に問題があるのに、私は被害者なのに、そして明らかに元夫によるネグレクトやDVで娘が苦しんでいるのに、どの弁護士も相談員も民生委員も、親身になって相談に乗ってくれないのです。偽善者ばっかり。私に人権や尊厳はないのでしょうか。このまま年老いて死ぬまで、デリヘルで働き続けなければいけないのでしょうか？」と春乃さんは苦しそうに訴える。

弁護士やソーシャルワーカーの仕事は、「相談者の欲しい答え」を与えることではない。春乃さんのように、「自分の欲しい答え」を出してくれる専門家を求めて、法律事務所や相談窓口を転々とする人は少なくない。

難しい案件だが、風テラスのソーシャルワーカーが改めて現状と課題を整理して、まず心身の状態を整えてから生活を立て直していく方向でプランを提案した。

†「正しさ」という病

そんな矢先、娘との面会交流の際に、「何とかして娘を助けたい」という春乃さんの思いを粉々に砕くようなことが起こる。

春乃さんの話では、娘は父親からひどい仕打ちを受けている、とのことだったのだが、現実は全くの反対で、娘は父親から大切に扱われており、何不自由ない生活を送っていた。

そして、春乃さんからの仕送りを「うっとうしい」「いらない」と思っていたのだ。「もうお母さんには会いたくない」「仕送りもやめてほしい」ということを娘の口からはっきりと伝えられて、春乃さんのメンタルは完全に壊れてしまった。

以降の相談では、相談員がいくら生活を立て直すためのアドバイスをしても、春乃さんの耳には届かなくなった。「なんとかして元夫を訴えたい」「娘は元夫に騙されているだけ。早く本当のことに気づかせてあげたい」「自分の正しさが証明できるなら、死んでもいい」といった呪詛を延々と繰り返すようになった。

こうした状態になってしまった場合、相談員としてできることは二つある。

一つは、本人の話を批判や評価を交えずにただ傾聴する「聞く支援」。

もう一つは、悪化し続ける生活状況の中で、本人が「現状を変えたい」と思うようになるまで寄り添い続ける「待つ支援」だ。

自らの「正しさ」にこだわり、目の前に突き付けられた現実を否認し続けることは、心理学的な奈落の一つだと言える。多重化した困難の中で、全てを奪われた人が最後にすがるのが、「自分は間違っていない」というプライドなのかもしれない。

福祉と風俗の狭間の奈落

「閉経で生理がなくなったらもっとたくさん出勤して稼げると思ったのですが、血は出ないけど身体が鉄臭くなってしまうので、指名がつかないんです」

そんなぼやきを繰り返す和田栄子さん（五十歳）は、ＡＤＨＤ（注意欠陥多動性障害）・うつ病・アルコール依存を抱えて、生活保護と障害年金を受給しながら、激安デリヘル店で働いている。

離婚後、中学校一年生の娘と一緒に暮らしているが、娘は不登校になり、学校にはほとんど通っていない。栄子さんがアルコールと処方薬を一緒に飲んで娘に暴力を振るうこともあり、児童相談所に一時保護されたこともある。

「自分が頑張って働いているのに、いつも家で寝ている娘をみると、ついイライラして辛くあたってしまうんです。うつがひどいときは、一家心中も考えてしまいます」と栄子さんは語る。
娘は不登校の子どもが通うフリースクールに通うことになり、児童相談所や自治体の担当者とは毎月一回面談をしている。地元の保健師にもつながっているが、自宅は床一面にビールの空き缶が山のように散乱し、ゴミ屋敷のような状態。ヘルパーに週一回自宅に来てもらい、掃除や調理を手伝ってもらっている。

「今飲んでいるのは、ハルシオンとかルネスタですね……。昔、アルコール依存症で三カ月入院したこともあるのですが、毎日断酒会でうんざりしました。自助グループ（ＡＡ）も勧められたのですが、結局行かなかった」

店には毎日出勤しているものの、指名はほとんどつかず、稼げない。年齢が高いため、他の女性たちとも仲良くできない。そうしたストレスを紛らわすためにアルコールに手を出し、娘に暴力を振るう……というサイクルを延々と繰り返している。
栄子さんの相談を担当した風テラスのソーシャルワーカーは、「栄子さんは生活保護・障害者福祉・児童相談所など、あらゆる制度や支援者につながっているはずなのに、全く現状が良くなっていない」と苦い表情でつぶやいた。

栄子さんの事例は、福祉だけでなく性風俗を含めて、「あらゆる制度や社会資源につながっているが、救われていない」というケースだ。なぜそのようなことが起こってしまうのだろうか？

†社会的に丸裸にされるよりも、仕事で裸になる方がマシ

性風俗の世界には、「過去を問わない」という不文律がある。脛に傷を持つ人たちが多く集まる世界であるため、誰もが過去を問わない・問われないという作法が徹底されている。

一方福祉は、利用にあたって徹底的に過去を問われる世界だ。所得証明、扶養照会、医師による診断書や初診日証明、家族関係や離婚歴まで、それまでの全ての履歴を書面で可視化することが要求される。

生活保護を申請すると、資力調査や扶養照会が行われ、個人の収入や預貯金、資産、家族関係、就労能力まで全てが丸裸にされる。

「いびつな共助」の中で、世間から見えないように繭で守られ、過去を問われないことに

慣れている彼女たちにとって、過去を徹底的に問われる世界との相性は極めて悪い。社会的に丸裸にされるよりも、性風俗の仕事で物理的に裸になり続ける方がマシだと考える人がいても不思議ではない。

また「いびつな共助」としての性風俗が提供している「現金日払い」「完全自由出勤」などの仕組みは、既存の制度のオルタナティブとして構築されたものが多いため、それに慣れてしまった女性を既存の行政窓口や福祉制度につなげることは、実は容易ではない。

そうした事情を考慮せずに、性風俗で働いていた女性を強引に福祉につなげると、かえって状況が悪化してしまうことがある。

†二つの死角の狭間にある奈落

生活保護を受給しながら性風俗で働いている女性の大半は、担当のケースワーカーには仕事のことを話していない。「そんな仕事は、今すぐにやめなさい」と言われるだけだからだ。

性風俗の収入を申告せずに生活保護を受け続けることは不正受給に該当するため、働いていることが発覚した時点でやめざるを得ない。

しかしこれまで見てきた通り、性風俗は彼女たちにとって重要な仕事であり、居場所でもある。やめた時点で、仕事と居場所の両方を失ってしまう。

生活保護を受けることで、仕事と居場所を失い、逆に社会的に孤立してしまうわけだ。これは「生活保護のパラドックス」と呼ばれている。

生活困窮者支援の専門家の間では、「生活保護だけでは、ハウスレス問題は解決できても、ホームレス問題は解決できない」と言われている。物理的な住まい（ハウス）は確保できても、居場所（ホーム）までは提供できない。

生活保護を受給した後に孤立してしまうと、福祉の世界では打つ手がなくなる。医療から法律まで、多くの制度を無料で使えるようになるが、栄子さんのようにあらゆる制度を使ってもダメ、あらゆる支援者とつながってもダメとなると、手の打ちようがなくなる。

現在、生活保護のケースワーカー一人当たりの担当世帯数は、平均八十世帯とされている。専任の担当者が一対一の支援を行う生活困窮者自立支援事業を利用していた場合、生活保護の受給後には一対一の支援から八十対一の支援になってしまう。

数カ月から半年に一回程度の訪問だけでは、当然手は回らない。担当ケースワーカーの裁量や善意に期待するしかなくなるが、当のケースワーカーは三分の二以上が経験年数三年未満、かつ無資格者（社会福祉士・精神保健福祉士の資格を持っていない職員）であり、短期間で人事異動があるため、経験と専門性を兼ね備えた担当者が長期継続的に関わることは難しい。

生活保護を受給しながら性風俗で働いても、なお貧困から抜け出せないという現実。「公助」の敗北でもあると同時に、「共助」としての性風俗の敗北でもある。

福祉の死角と性風俗の死角、二つの死角の狭間にある奈落に落ちてしまった女性に対しては、現状の制度や支援枠組みでは打つ手がない。

7 子どもたちへの「貧困の連鎖」を防ぐために

†「いるはずがない場所」にいる子どもたち

デリヘルの事務所や待機部屋で、子どもたちに出会うことがある。言うまでもなく、デリヘルは十八歳未満立ち入り禁止の世界であり、子どもがいるはずがない。

しかし風テラスの活動を続けていく過程で、私は待機部屋の中で、生まれたばかりの新生児から小学校低学年まで、様々な年代の子どもに出会ってきた。いずれも、働いている女性の子どもたちだ。

託児所やキッズスペースのある店の場合、仕事を終えた女性が子どもを迎えに来る。託児設備の無い店でも、他に預け先がないため、やむを得ず待機部屋まで子どもを連れてくる女性もいる。

子どもの教育上よくないので、「店に子どもは連れてくるな」と注意するオーナーもいる。言葉を覚え始めた子どもが、母親が性風俗の仕事をしていることを父親などの他の家族にばらしてしまうこともある。

子どもの視点で見れば、下着姿の女性の画像がたくさんパソコンの画面に映っている事務所にいると、「ここはどこなの？」「みんな、何をしているの？」と不思議に思うだろう。周囲の大人に「昨日、あんなところに行ったんだよ」と吹聴する子どももいる。

産前産後の女性が中心に働いている妊婦・母乳風俗店の男性スタッフは、「風俗は、確かに一部の女性のセーフティネットにはなっているかもしれない。しかし子どものセーフティネットには全くなっていません」と語る。

待機部屋にいる子どもたちの姿は、福祉でも性風俗でもカバーできない奈落があること、そしてそれが次世代にも連鎖していくであろうことを暗示しているのかもしれない。

†夜間保育とデリヘル

前田久実さん（二十三歳）は、夫のDVに耐えかねて二歳の息子とシェルターに避難し、その後離婚。現在は息子を夜間保育に預けながらデリヘルで働いている。

子どもを夜預けて働くことに対しては、罪悪感がある。事情を知らない周囲から「子どもを夜遊ばせるなんて」と責められる。

確かに、息子にとって良い環境ではないことは十分に分かっている。息子は食も細く、こだわりもでてきたため、夜間に母親から離されるのは不安だと思う。

仕事が終わって迎えに行く時、息子はたいてい眠っているが、母親の気配を察して起きてしまう。そして、そのまま家に帰っても朝まで寝てくれない。毎日がとても辛い。

久実さんの話を聞いた風テラスの相談員が、地元の自治体の発行している子育て応援パンフレットを広げて、「去年非課税世帯だったのならば、無料で利用できる保育所もありますよ。一緒に探してみましょう」と提案した。

詳しく話を聞くと、久実さんの母親もまた、アルコール依存症の夫のDVに耐えかねて離婚し、シングルマザーとして久実さんを育ててきたという。

風テラスに相談に訪れた女性の中にも、監護能力のなさを指摘されて子どもを実家の両親に引き取られることになった人、子どもを一人で家に置いてデリヘルに出勤することを続けていたら児童相談所に通報された人、夫のDVを受けないように子どもを全員施設に預けている人など、様々な事情を抱えた母親がいた。

虐待やDV、貧困は世代を超えて連鎖する。彼女たちの抱えている多重化した困難が、待機部屋にいる子どもたちに連鎖しないという保証は、一切ない。

†母子でデリヘル勤務

「最近、娘もこの業界に入ったんです」

複雑な表情で話すのは、山下真紀子さん（四十一歳）。真紀子さんは、家計の不足分を補うため、長年家族には内緒にして地元のデリヘルで働いてきた。しかし最近、自分の十九歳の娘も同じ地元のデリヘルで働いていることに気づいてしまい、愕然とした。

週に二、三回、好きなバンドのコンサート代を稼ぐために出勤しているらしい。デリヘルで働いていることは、化粧やお風呂の匂いですぐに分かる。家を出る時はメイクをしているのに、帰ってくるときはメイクが落ちている。足首に小さな刺青が入っているのも気になった。

ある晩、意を決して「あなた、もしかして風俗で働いているんじゃない？」と問い詰めたら、娘はすんなりと認めた。その後、「ずっと隠していて、辛かった。ママに話したら、楽になった……」と泣き出した。

そんな娘に対して、真紀子さんは「自分もデリヘルで働いている」とは口が裂けても言えなかった。

「この地域の若い子は、仲間同士で刺青を入れたり、薬物に手を出してしまうことがあるので、娘が同調圧力に負けてそうしたことに手を出さないか、とても不安です。

また私自身が長年デリヘルで働いてきたので、できれば本番要求の上手な断り方を教えたい。「そのお金で、もう一度指名してくださいね！」と促したり、「他の子を指名してみたら？」と提案したり……そういったテクニックを、娘に伝えたいです」

†「彼女たちの欲しい答え」は、誰にも用意できない

福祉でも救われない。性風俗でも救われない。福祉と性風俗が連携してもなお、救われない。こうした奈落に落ち込んでしまった彼女たちを助け出す方法は、現時点では存在しない。

「本人の自助努力によって現状が好転するのを待つ」という、限りなく放置に近い支援、もしくは限りなく支援に近い放置を続けるしかないのが現実だ。

本章の冒頭で、出稼ぎ店経営者の村瀬さんが語った「風テラスの弁護士さんたち、そして私たちの出す答えは、多くの場合、彼女たちの欲しい答えではない」という台詞の意味が、ここにある。

「彼女たちの欲しい答え」は、誰にも用意できないのだ。それでも彼女たちは「自分の欲しい答え」を求めて、出口の見えない奈落へと落ち込んでいく。

奈落の底で、多重化した困難の果てに待ち構えているのは、最悪の結末しかない。

自殺の背景には、平均四つの危機要因が重なり合っていると言われている。失業という一つの困難には耐えることができたとしても、その上に多重債務や家庭不和、病気やうつ

状態などが重なり、困難の合計が四つを超えると、自殺のリスクが高まるという。

また多重化した困難は、それを抱える本人を社会的・経済的・精神的に追い詰めるだけでなく、次世代の子どもたちにもその全てが負債として引き継がれてしまう。

安易な自己責任論には与するべきではないが、かといって「社会が悪い」というマクロな社会責任論だけを唱えていても、こうした多重化した困難の世代間連鎖は一向に改善されないだろう。

だとすれば、私たちができることは、彼女たちが奈落に落ちる前に、そして最悪の結末を迎える前に、奈落の存在を社会に知らしめた上で、その周囲に防護柵を張り巡らし、転落を未然に防ぐことしかない。

性風俗のいびつな現場に対して、二次情報に基づいたレッテルを貼るのではなく、一次情報に基づいた防護柵を張ること。

それを徹底することができれば、奈落に落ちる女性を減らすことができる。そして、多重化した困難が次世代の子どもたちに連鎖してしまう悲劇を防ぐこともできるはずだ。

次章では、再び舞台をこの世界の「入口」＝ＪＫリフレの世界に移して、奈落への転落を未然に食い止める防護柵を張るための条件を考えていきたい。

コラム

相談員から見た風テラス

徳田玲亜

弁護士は、依頼者から相談を受けた際、依頼者の希望する問題解決に向けて、その後の展開も予想しながら取りうる選択肢を検討し、その選択肢とそれぞれのメリット・デメリットを伝える。場合によっては、その場でどの選択肢が一番依頼者に合っているかを依頼者と一緒に検討する。

私はいつものように、相談の席に腰を下ろし、メモ帳を机上に置いた。違うのは、ここが法律事務所の一室ではないことと、隣に社会福祉士の及川さんがいることくらいだと思っていた。目の前に相談者が座ると、私と及川さんがそれぞれ自己紹介をし、相談が始まる。風テラスでは相談者がリラックスして話せるように相談時間は余裕をもって一時間と設定してある。ケースバイケースだが、通常の法律相談であれば、相談者が概要を話し終える頃には、おおよその解決への筋道は思い描けているものである。ところが、相談開始から三〇分ほど経過しただろうか、聴けども聴けども選択肢が出てこないのである。むしろ聴けば聴くほど取れる選択肢が乏しいことに気づかされる。ちらりと及川さんに目をやると、及川さんは優しい表情で依頼者の話にうなずきながら、パソコンで相談者に利用できそうな行政サービスを検索していた。

風テラスを始めて三年。これが風テラスの日常だ（読者の方には私が無能だと思われては困るので付言するが、もちろん法的に解決が可能な相談もあり、実際に解決している事案もある）。風テラスは「生活・法律相談」をうたっているため、法律相談と見せかけて、実際には深刻な生活相談だった、あるいはその逆といったパターンも多く、また、何を相談したいのかわからないままに相談に来る方も多く存在する。そうした中で私たちは、相談者が抱えている悩みを一つずつ整理していき、法律的な援助が必要な場合は私が、福祉的な援助が必要な場合は及川さんが、それぞれの場面で助言をしていく。解決の糸口が見えない相談も私たちはチームだからこそ、知恵を出し合い、取りうる最善の一手を提案してきたつもりである。相談者のみでは対応が難しいと判断し、その場で行政や警察に電話をしたこともあれば、緊急性の高い案件では段取りを組んで次回の相談予約を取り付けたこともある。そんなことをしていると、毎日のように不安を漏らす電話をもらうようになり、気が付けば信頼を超えて依存されていることもある。そうかと思えば、約束の日時に現れず二度と連絡の取れなくなった方もいる。解決策の見えないことに相談者が意気消沈していることを私は日々肌で感じ、幾度となくやりきれなさやもどかしさを感じてきた。

風テラスは、自発的に相談に来ない・来られない人、法的・福祉的支援の網から漏れた人に支援を届けるためにスタートした取り組みである。そして、実際に日常業務では出会うことがなかった人たちに多く出会うことができた。彼女たちの相談にのることは、時に霧のかかった荒野を途方もなく進むようなものである。それでも私たちが歩みを止めることはない。風テラスという場を通してつながれた人たちとの細い糸が切れないように日々相談に応じ、そしてまた私たちが居場所の一部となりうるよう日々待機部屋という場所に赴くのである。行き詰ったときに相談できる場所があるということが彼女たちの支えになるという思いを胸に。

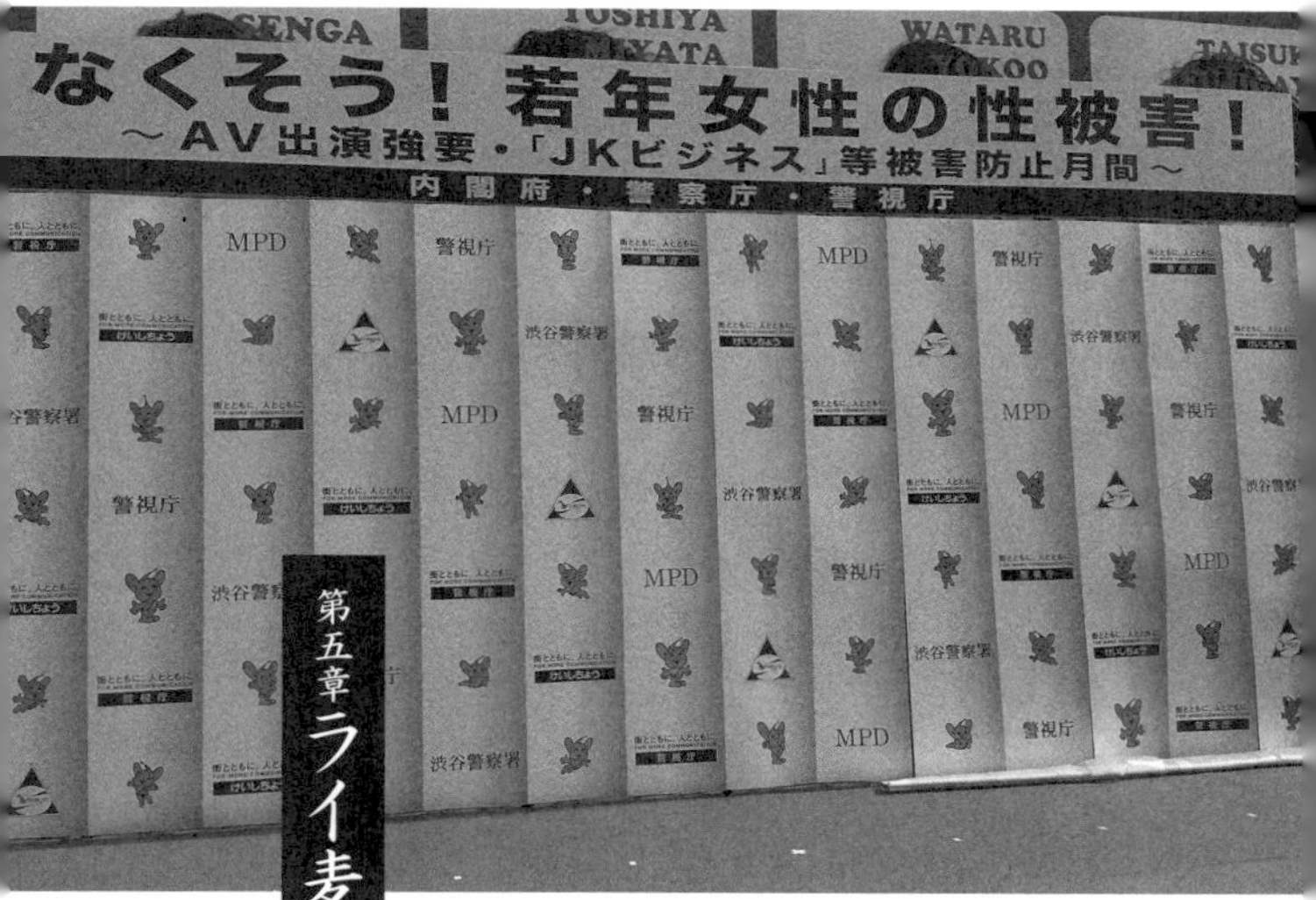

第五章　ライ麦畑のサバイバル・ガイド

†「JKビジネス」スタディツアー

二〇一八年七月一日。JKビジネス規制条例の施行からちょうど一年が経ったこの日、JR池袋駅東口にて「JKビジネス」スタディツアー（主催・一般社団法人ホワイトハンズ）が開催された。

三十度を超える暑さと陽射しの中、合計十五人の参加者と報道陣は、汗をかきながら池袋の雑踏をかき分けて、派遣型リフレ店「JKMAX」の事務所に向かった。

ワンルームの事務所は、十五人が入るとすし詰め状態。約一時間、全員が立ったままの状態で店長の桑田さんのインタビューを行った。参加者は流れる汗をぬぐいながら、桑田さんの話に耳を澄ませた。

リフレ店の経営について参加者から質問を受けている最中も、桑田さんのスマホにはお客からの依頼の電話や女の子からのLINEが次々に入ってくる。

頻繁に指名の女の子を変える厄介なお客に対して、半ギレ状態で対応を続ける桑田さん。その姿が女性参加者の笑いを誘い、事務所は和やかな雰囲気に包まれた。

事務所を出て、派遣型リフレのサービス提供場所としてよく使われるホテルやレンタルルーム周辺を散策した後、駅前の会議室に「JKMAX」から二人の女性を「派遣」してもらい、彼女たちの話をじっくり聞いた。

一人目のゆきなさん（十八歳）は、アンダー時代からこの業界に関わっているという。十八歳とはとても思えない大人びた口調で、リフレを始めるまでの経緯、現場の問題点、リフレで働くことに対する自分の考え、そしていわゆる「JKビジネス」をめぐる報道の是非について、客観的かつ理路整然と語ってくださった。

年齢不相応に頭の切れる彼女の話、アイドル顔負けの端正な容姿、そして彼女が毎月稼いでいる金額の桁に、多くの参加者がため息を漏らしていた。

二人目のりりこさん（十九歳）は、「JKMAX」でもトップクラスの人気を誇るキャスト。会場からの質問について、両手を口に当ててはにかみながら「ええっ〜〜、そんなこと、恥ずかしくって話せませんよぉ〜」と返す仕草が可愛らしい。オプションやサービスの具体的な内容について、女性参加者からの質問が矢のように寄せられた。

†「JKビジネス」的な社会現象にどう向き合っていくか

このスタディツアーの目的は二つある。一つ目は、いわゆる「JKビジネス」と言われている世界で働く十代の女の子たちと店長に話を聞きながら、ＪＫビジネスが生まれた社会的背景を学び、報道と現場のギャップを学ぶこと。

二つ目は、私たちの社会がＪＫビジネスのような「見えないグレーゾーン」とその背景にある社会課題に対して、どのように向き合っていくべきかを考えること。

ツアーの参加者からは、次のような感想が寄せられた（一部を抜粋して掲載）。

「講義と当事者たちのインタビューを通じて、改めてこの種の問題の難しさを感じた。どこかで誰かを悪玉にすれば、視界は開けるのかもしれない。しかし、それはあまりに自分勝手な認識だ。この問題は複雑で、多面的で、多段的なのだ。

「経営者とキャストで言っていることが違うなぁ」と矛盾を感じた。一方で、彼女たちの生い立ちを聞くと、問題を感じずにはいられなかった。

偏見かもしれないが、彼女たち自身が問題を整理できているとは思えない。このようなミクロな部分にも複雑性がある。全体であればなおさらだろう」（二十代・男性　大学院生）

「JKビジネスを健全化しても、次なるグレーゾーンの業態が出現するだけで、根本的な解決は困難ではないかという諦念がある。

今日インタビューを受けた女性たちは、容姿だけでなく高度なコミュニケーション能力と自己プロデュース力を有しており、自分の値段を冷静に自覚した上で、自分を一番高く売る術を身につけている。

本来こうした能力はもっと社会の表面で発揮されうるものだと思うが、今の日本社会は彼女たちにそのチャンスを与えておらず、見合った報酬も与えていない。

JKビジネスの世界を可視化することが良いことなのか否かは分からないが、働き手の安全を保つ仕組みは必要だと思う」（四十代・男性　会社員）

「リフレで働く女の子も経営者も、社会的に孤立している方が多いのではないかという印象を持ちました。自分を守ってくれる存在も社会制度も十分ではなく、自己責任で何とかしなければならない立場に追いやられて、現在の状況に至っている、という印象です。

JKリフレが一種のセーフティネットになっているように思えました。悪い男たちからの搾取ではなく、社会的孤立がそのバックグラウンドにあるように思います。

「自分で何とかした」「何とかなる」という自信はとても重要だとは思いますが、将来何か問題が生じたとき、うまく他者にSOSを出せない不器用さも感じたので、うまくそこのニーズをキャッチして頂ければと思います」(三十代女性・弁護士)

いわゆる「JKビジネス」の世界は、全てが曖昧かつ不透明な多面体の世界であるがゆえに、自分の見たいものだけを見ることができる。

今回のツアーの目的は、主催者の視点やイデオロギーを参加者に押し付けることではない。

実際に現場を見た上で、「これはある種のセーフティネットだ」と納得する人もいれば、「やはり性的搾取としか思えない」と感じる人もいる。どのようにこの世界を解釈するのかは、参加者次第だ。

性別・年代・職種の異なる人たちが、それぞれの立場や専門性に基づいて「JKビジネス」の世界を体験・解釈することのできる機会が増えれば、その結果として、多様な理解や言説が生まれる。そうした機会を作り出すことが、「JKビジネス」の世界を取り巻く諸問題を解決するための第一歩になるはずだ。

†繰り返される「届かない啓発」

しかし、残念ながら現実は全く正反対の方向に進んでいる。

二〇一八年四月一日、昨年に引き続き、内閣府男女共同参画局による「AV出演強要・「JKビジネス」等被害防止月間」が始まった。

啓発用のポスターや動画では、昨年の藤田ニコルと同様、十代の女性向けファッション雑誌『Popteen』人気モデルの池田美優（十九歳）が起用された。

制服姿の池田美優と女子高生が一列に並び、「JKは売り物なんかじゃない」「JKビジネス却下」というメッセージを発信する動画がネット上にアップされ、「ひとりで悩まないで」という呼びかけと共に、相談窓口への連絡先リストが羅列されたポスターが各所に掲示された。

ツイッター上では、昨年と同じように、「違和感が半端ない」「JKビジネス却下！の広告自体がもうJKビジネスじゃないの」「年齢的にJKじゃない池田美優にJKの格好をさせてJKビジネス却下って言われても……」など、動画やポスターに対する批判が目立った。

確かに、各地のご当地アイドルを含め、官・民・メディアが一体になってJK=制服姿の女子中高生を商品化している社会、そしてJKであることを商品化したがっている少女が溢れている社会で、「JKは売り物なんかじゃない」というコピーを啓発に用いるのは笑えない冗談以外の何物でもない。まさに「JKに踊らされる国・ニッポン」だ。

そうした皮肉はさておき、内閣府の啓発事業の背景にあるのは、無知かつ善意の少女が、悪意を持った狡猾な大人に搾取される……という「搾取モデル」に基づいた現状理解である。

しかし、スタディツアーの参加者の感想からも分かる通り、リフレをはじめとするJKビジネスの現場は、「搾取」という一言で説明できるほど単純ではない。

リスクを知りながらも働いている彼女たち、高度なコミュニケーション能力と自己プロデュース力を発揮してリフレで荒稼ぎしている彼女たちに、搾取モデルに基づく啓発は全く届かない。

第一章で述べた通り、メディア上で語られている「JKビジネス」は、私たちが叩きやすいような形で作り出された「ワラ人形」にすぎない。そうした「ワラ人形」をいくら叩いたところで、現場での被害や不幸は減らせないだろう。

†「関所」を探し出せ

それでは、いわゆる「JKビジネス」による被害や不幸を減らすためには、どのようなアプローチを取ればいいだろうか。搾取モデルではない、共助モデルに基づくアプローチとは、どのようなものになるだろうか。

感情的にではなく、論理的に考えてみよう。全国の十代の少女のうち、実際にいわゆる「JKビジネス」とされる業態で働いているのは、多く見積もっても全体の一%以下であろう。

その一%以下の層に向けて、不特定多数の人が見るマスメディアで、著名なモデルを起用して抽象的なメッセージを大々的に発信するのは、費用対効果が悪すぎる。

池袋や秋葉原の繁華街を漂流している少女にメッセージを届けるために「内閣府のホームページに動画をアップする」という選択肢は、冷静に考えればありえないはずだ。せめて彼女たちの目に触れる可能性があるYouTubeやツイッター上にアップするべきだろう。

未成年の少女に「売買春」や「被害」というキーワードが絡むと、大人たちは冷静な判断力を失ってしまうのかもしれない。

啓発広告を出したいのであれば、その一％以下の女性たちの目に触れる場所、彼女たちの動線上にピンポイントで配置する必要がある。いわゆる「ＪＫビジネス」で働こうとする全ての女性が必ず通る「関所」＝働く前に必ず目にする場所はどこだろうか？

そう、答えは「求人ポータルサイト」だ。第三章で述べた通り、現場に関する最も多くの一次情報を持っているのは、警察でも内閣府でも支援団体でもなく、情報サイトの運営会社である。

リフレやお散歩、コミュなどのいわゆる「ＪＫビジネス」とされている仕事の求人ポータルサイトに広告を出せば、それに応募する全ての女性にアプローチすることが可能になる。

メイドカフェなどの萌え系店舗、リフレ・エステ・撮影会・見学店などの求人に関しては、「もえなび！」という老舗のポータルサイトに求人情報が集中している。

二〇一八年四月現在、同サイトには千五百件を超える店舗の求人情報が掲載されている。この「もえなび！」のアルバイト求人募集ページや、働く前の注意事項・ガイドラインを記したページに啓発広告を出すことができれば、確実に当事者に届くはずだ。

†マンガでわかりやすく解説

だが、「JKビジネス、許さない！」といったお決まりのフレーズを並べたような広告では、これから働こうとしている、あるいは既に現場で働いている彼女たちの注意を引くことはできない。

これから働こうとしている彼女たちが知りたがっているのは、「そもそもリフレとはどんな仕事なのか」「どんなお客が来て、何をどこまでやればいいのか」ということだ。

こうしたことは、意外にも店舗の求人広告にはっきりと載っていないことが多く、面接の時点においてすら、きちんと説明されないこともある。応募する女性にとって、大きな不安の種になっている。

そして現場で働く彼女たちが知りたがっているのは、「どうすれば稼げるか」「他の子はどんなオプションをしているのか」「相場はどれくらいなのか」といったことだ。

内閣府の動画のように、こちらの訴えたいことだけを一方的に押し付けても、彼女たちには届かない。たとえそれがどれだけ政治的・道徳的に正しいメッセージであっても、だ。

まず彼女たちの欲しがっている情報を提供した上で、そこにこちらの伝えたいメッセージを織り込んでいく、という二段階のステップを踏む必要がある。

そこで、第一章で述べた「楽屋」で集めた一次情報＝リフレで働く女性たちの生の声やニーズを物語化して編集し、リフレで働く女子、これからリフレで働こうと思っている女子が知っておくべき知識・情報を分かりやすく解説したマンガを作成した。題して、『マンガでわかる　リフレ女子のお仕事ガイドブック』。

主人公のマコさん（十八歳・大学生）は都内の私立大学経済学部一年生。学費を稼ぐためにリフレの仕事を選んだが、そもそも具体的にどのようなサービスをすればいいのかも分からない状況。

そんなマコさんに、アンダー時代からリフレ一本で働いている先輩リフレ嬢のリリィさん（二十歳）と、弁護士とソーシャルワーカーの資格を持つアスカ先生（二十九歳・女性）がアドバイスをする、というストーリーだ。

「リフレってどんな仕事なの？」「どうすれば稼げるの？」といった基礎知識から、「裏オプションしなきゃダメなの？」「いくつまで働けるの？」といった現場のリアル、そしてトラブルに巻き込まれた場合の対応策や相談窓口の情報までを網羅した、リフレで働く女子のためのサバイバル・ガイドである。

「もえなび！」の求人情報ページや、アルバイトに関するガイドラインを記載したページに、このマンガのバナー広告を掲載して頂き、全ページを無料で読めるようにした。

これからリフレで働こうと思っている少女たちが、働く前にこのマンガを読むことを通して、リスクの存在と対処法、トラブルに直面した際の相談窓口の存在を知ることができる、というわけだ。

もちろん、第一章で述べた通り、リフレの世界は「悪い意味で安全」な世界なので、そこで働いたからといって、必ずしも性暴力や盗撮・ストーカーの被害に遭うわけではない。当事者の困り感も少なく、危機意識や被害者意識もない。実際に相談につながるケースは、デリヘルやソープで働く女性を対象にした風テラスほど多くはないだろう。

しかし、リスクの存在と対処法、相談窓口の存在を「知った上で働くこと」と「知らないで働くこと」の間には、大きな差がある。困った時にSOSを出す宛先があれば、彼女たちの社会的孤立を緩和することができるはずだ。

†彼女たちは「搾取の被害者」なのか？

『マンガでわかる　リフレ女子のお仕事ガイドブック』の配布を開始して間もなく、都内

『マンガでわかる　リフレ女子のお仕事ガイドブック』の一部

<リフレ女子のオキテ①>

- リフレとは、簡単なマッサージと会話+オプションによって男性に癒しを与える仕事
- オプションの内容と値段は、基本的に女の子が自分で決めることができる

の派遣型リフレ店で働く西川未久さん（十九歳）から、風テラスにLINE経由で相談依頼が届いた。

実家のある地方都市から上京してきた未久さんは、リフレで知り合った男性が手配してくれたマンションの部屋に住んでいたが、その男性との関係が悪化。居心地が悪くなり、部屋を出ることになった。

数カ月後、その男性から「お前のために借りた部屋なのだから、契約した二年分の家賃を代わりに支払ってほしい」という連絡があり、合計数百万円もの金額を分割払いで支払うように要求してきた。

一時的であるにせよ部屋に住まわせてもらったという負い目があったため、未久さんは断り切れず、相手の男性の要求に応じて、分割払いの一回目として数十万円を振り込んでしまった。

しかし、その後周りの友人から「それは明らかにおかしい」「未久が支払う必要はないよ」と諭されて我に返り、支払いを中止した。

すると、相手の男性は「今週中に振り込まなければ、お前の実家の母親にリフレで働いていることをバラすぞ」「裁判で訴えるからな」と脅しをかけてきた。

母親にリフレの仕事がバレることだけは、どうしても避けたい。でも、手元にまとまったお金がないので支払うことはできない。精神的に追い詰められた未久さんは、風テラスの弁護士にSOSを求めてきた。

このような男性（恋人やホスト、スカウト等）との金銭トラブルは、リフレやデリヘルで働く十〜二十代前半の女性から寄せられる相談としては、ごくありふれたものだ。

リフレで稼いだお金をホストに貢いでしまったり、客と恋愛関係や愛人関係になったことで、金銭関係のトラブルに発展してしまうケースは少なくない。

こうした相談を「性的搾取の犠牲者」「JKビジネスの被害者」といったステレオタイプのイメージで単純化することはできないし、単純化したところで問題の解決にはつながらない。

何らかの事情で地方の実家を飛び出した彼女が、生活費と住まいを確保するためにリフレという「いびつな共助」に頼った結果、トラブルに巻き込まれることになったという見方をした方が、問題の構造を理解しやすいはずだ。

†彼女たちが求めるのは、「正解」ではなく「納得解」

未久さんの相談を受けて、風テラスの弁護士は「そもそも未久さんに支払う義務はないし、相手の男性も「訴訟を起こす」とは言っているが、実際にはできないだろう。弁護士に相談したことを相手に伝えた上で、関係をきっぱり断つことが望ましいのでは」と助言した。

未久さんも「そのやり方でやってみます」と一度は同意したのだが、最終的に相手の男性の剣幕に押し切られてしまい、「やっぱり、お金を振り込みます」という決断をした。お金は親友から借りて、どうにか工面するという。

弁護士に相談したことを伝えたにもかかわらず、結局向こうの言いなりになってしまうのでは、相手から「格好のカモ」だと認識されてしまい、今後も延々と金銭を要求される恐れがある。親友との今後の関係も心配だ。

しかし未久さんは自らの意志と責任で、「相手の要求に応じてお金を振り込む」という決断をした。客観的に見ればどう考えても「不正解」だとしても、それによって未久さんの気持ちが一番落ち着くのであれば、それは未久さんにとっての「納得解」ということになる。

自らの意志と責任で「納得解」を選んだ人に対しては、支援者は何も言うことはできない。そう考えると、今回の事例は相談支援としては「失敗」なのかもしれない。

しかし、社会的に極めてつながりにくく・見えづらい存在である彼女たちとつながることができ、彼女たちがリアルタイムで困っている、まさにそのタイミングで（実際に彼女たちがそれを受け入れるかどうかは別として）専門職による的確なアドバイスを提供することができた、という意味では「成功」だったと言えるのではないだろうか。

†「ライ麦畑のキャッチャー」であり続けるしかない？

J・D・サリンジャーの青春小説『The Catcher in the Rye』（邦題：ライ麦畑でつかまえて）では、終盤、主人公の少年・ホールデンが「ライ麦畑でゲームをして遊んでいる子どもたちが崖から落ちそうになった時に、彼らをつかまえるキャッチャーになりたい」と語る場面がある。

大人が一人もいない広大なライ麦畑で、数千人の子どもたちが遊んでいる。前を見ないで崖の方に走って行く子どもがいたら、どこからともなく現れて、その子を崖から落ちないようにつかまえる。そういう仕事を朝から晩までずっとやり続ける「ライ麦畑のキャッチャー」、僕はただそういうものになりたいんだ……とホールデンは語っている。

リフレやデリヘルの世界は、まさにこの「ライ麦畑」と言えるのではないだろうか。彼女たちの大半は、自由意志と自己責任に基づいてライ麦畑に足を踏み入れ、あわよくば多額の現金を即日入手できるゲームに没頭している。

危険な断崖絶壁＝奈落がすぐそばにあるが、それには誰も気づかない。「危ないからやめなさい」「自分の身体を大切にしなさい」という声は、彼女たちの耳には届かない。

ソーシャルワークの視点から考えると、私たちができることは、まさに「ライ麦畑のキャッチャー」であり続けること、それだけなのではないだろうか。

ライ麦畑で現金を求めて走り回る彼女たちの選択は、確かに自己責任なのかもしれない。崖に落ちたところで、「自業自得だ」と切り捨てられて当然なのかもしれない。

しかし道徳的な是非はどうあれ、ライ麦畑をこのまま放置しておけば、崖に落ちる女性たちは増え続ける一方だ。困難の多重化や、それに伴う貧困の世代間連鎖も止まらないだろう。

次世代への不幸の連鎖を防ぐためにも、どこにいても、どんな仕事であっても、福祉と司法へのアクセスを保障する必要がある。必要なのは、「ライ麦畑のサバイバル・ガイド」だ。

†「許さない」から「ハームリダクション」へ

リフレで安全に働くための知識と情報を分かりやすくマンガ化して、求人ポータルサイト経由で読めるようにする、というアプローチは、専門用語で「ハームリダクション(harm reduction)」と呼ばれている考えに基づいている。

ハームリダクションとは、個人が健康被害や危険をもたらすとされる行動習慣(合法・違法を問わない)をただちにやめることができない場合、その行動にともなう害や危険をできるかぎり少なくすることを目的としてとられるアプローチのことを指す。

こうしたアプローチに対しては、「JKビジネスで働くことを助長している」「性的搾取を肯定している」という批判が寄せられるかもしれない。

しかし、JKビジネス類似行為を行う店舗や個人はこれまでも、そしてこれからも永遠になくならないだろう。

だとすれば、できもしない「撲滅」や「浄化」を目指すのではなく、現場の不幸や被害を一ミリでも減らすための努力をすべきだ。「許す／許さない」といった二項対立からの卒業が求められている。

「いびつな共助」としてのＪＫビジネスや性風俗の世界は、多くの問題を内包しているが、それゆえに多くの人々を経済的・精神的に支えることができている。

高度経済成長期における企業福祉も、家父長制に基づく家族福祉も、女性差別や性別役割分業を内包する、相当にいびつな存在だったはずだ。一方で、そのいびつさゆえに人々を経済的・精神的に支えることができたことは、否定しようのない事実である。

そう考えると、「いびつではない共助」は存在しないのかもしれない。あらゆる共助は本質的にいびつであり、それゆえに人々を包摂できるのだ。

全ての人が自助努力で生きる社会は、人類史上存在したためしがない。そして、全ての人が公助に頼っている生きる社会もまた、存在したためしがない。

自己責任論に基づく自助努力が称揚され、財政難に伴う公助の削減が続く時代の流れの中で、ＪＫビジネスや性風俗のような「いびつな共助」は、今後増えることはあっても減ることはないだろう。

私たちにできることは、ハームリダクション的なアプローチを通して、「よりマシないびつさ」を求めることだけなのかもしれない。

†「負けない福祉」をつくるために

「風テラスの弁護士さんが削除申請をしてくださったおかげで、ネット上の写真と動画が全てきれいに消えていました！　これでやっと気持ちを切り替えて、新しい職場で新しい生活を送ることができます。本当にありがとうございました。」

「風俗で働いていることは誰にも言えない秘密だったので、風テラスに相談することができてとても助かりました。ありがとうございました。」

「裁判所からの通知が届いてパニックになっていた女の子、弁護士さんに直接電話で相談して不安を解消することができて、とても喜んでいました。本当に助かりました」

風テラスには、相談者の女性や店舗スタッフの方から、こうしたお礼の言葉が寄せられることがある。「やってよかった」と心から思える瞬間だ。

ただ残念ながら、相談に訪れた全ての人の課題や悩みを解決できるわけでは全くない。電話相談の途中でガチャ切りされてしまったり、丁寧な回答メールを送っても無返信だったり、初回の相談後にそのまま音信不通になってしまう……といったことは、日常茶飯事だ。

「いびつな共助」の中で生きる人たちに対して、支援者ができることは限られている。弁護士もソーシャルワーカーも、相談援助によって人を劇的に変えることはできない。あくまで本人が自力で問題を整理・解決することの手伝いや力づけ（エンパワーメント）をするだけだ。

変わる時は、本人が自発的に、あるいは自然に変わる。そのタイミングを逃さずに適切な支援を届けられるよう、ハームリダクションの理念に基づいて、「ライ麦畑」へのアウトリーチを続けながら、そこで働く彼女たち、そして彼女たちを支えるお店やスタッフと、細く長いつながりを保ち続けるしかない。

残念ながら、福祉はJKビジネスや性風俗には勝てない。そして仮に福祉がそれらと連携したとしても、解けない社会的課題は山のようにあり、救えない人たちはいくらでもいる。

そう考えると、福祉は無力かもしれない。「社会的包摂」や「共生社会」などという言葉は、薄甘い戯れ言にすぎないのかもしれない。

しかし、無力であることを認めれば、目の前に立ちはだかる社会的課題に対して「負けない」ことはできるはずだ。

福祉の限界と無力さを認めることからスタートすれば、そこから業界や価値観の垣根を越えてチームをつくること、異なる領域の他者と手をつなぐことができる。

真の共助とは、「強い人が弱い人を助ける」「余裕のある人がかわいそうな人を助ける」といったことではなく、弱さを認め合った人同士が、社会の不条理に抗いながら、共に支え合って生きることなのだから。

†待機部屋での医療相談

「最近、ご気分が塞いだりすることはありませんか？　夜はよく眠ることができていますか？」

待機部屋に相談に訪れた女性に、西岡誠さんは関西弁交じりの柔らかい口調で話しかけた。ライトブルーのシャツの胸には、「Médecins du Monde（世界の医療団）」と書かれた青いバッジがついている。

西岡さんの職業は医師である。国際NGO「世界の医療団」に参加しており、長年路上生活者に対する医療相談を行っている。

西岡さんが風テラスの活動理念に共鳴してくださったことをきっかけに、これまでの法律・生活相談に加えて、二〇一八年六月からデリヘルの待機部屋での医療相談を行うことになった。


「せっかく来られたので、血圧を測っておきましょうか」

そういうと西岡さんはカバンから携帯用の血圧測定器を取り出し、女性の血圧を測った。

「まず身体、それからメンタルの順番で治療されることがお勧めです。最初から心療内科に行くよりも、まずは身体の不調を治したほうがいい」

「体重を減らすためには、白米ではなくて玄米、パンの場合はライ麦パンや全粒粉パンを選ぶ方がいい。油はオリーブオイルで。高くて買いづらいかもしれませんが、魚や果物をなるべく多めに摂るようにする。甘いものを食べたくなった時は、チョコレートがお勧めです」

初回の医療相談は三時間だったが、その間、女性が絶え間なく相談に訪れた。法律相談や生活相談に比べると、医療相談の方が圧倒的に敷居が低いのだろう。性風俗で働く女性特有の身体の悩みは、一般の医者には相談しづらい。どの医療機関のどの科に相談していいか分からないし、そもそも医者に相談していいことなのかどうか自体も分からない、と感じている女性が少なくない。

相談の中で目立ったのは、更年期とメンタル、そして肥満に関する悩みだ。

「メンタルの薬を飲んでいるとお腹が空いて、つい冷蔵庫を開けて食べてしまう。精神疾患の人はOD（薬の過剰摂取）や自殺で亡くなる、というイメージがありますが、食べ過ぎによる肥満、メタボ、そこからくる高血圧や糖尿病で体を壊し、心血管病で命を落とすことが多いです。喫煙者が多いのも見逃せません」と西岡さんは語る。

確かに激安店では、極度に肥満した女性が働いていることが少なくない。彼女たちの大半は、精神科の処方薬やアルコールに依存している。第一章で述べた通り、その背景には、何らかの形で借金や生活困窮、家庭問題といった、福祉や法律の問題が隠れている。

待機部屋での医療相談を行うことで、これまでの法律・生活相談には来なかった女性たちにアプローチすることができる。そして、彼女たちにより適切な支援を届けることができる。

風テラスと医療が連携することができれば、より深いレベルの解決策を、文字通り「有効な処方箋」として出せるに違いない。

長年路上生活者への医療相談を行ってきた西岡さんは、待機部屋での医療相談を実施する中で、ホームレス支援との共通点が多いことに気づいたという。

「支援のあり方として、「魚を与えるのではなく、魚の釣り方を教えるべき」とよく言われます。多くの困難や苦労を抱える方は、目の前の課題が実は本当の問題でないこともあります。

しかし、目の前の課題や問題を一緒に解決する姿勢でなければ、そもそも信頼関係を作ることが出来ません。また他人への頼り方自体が分からない、という人も多いです。初回の相談で全てを話してくれることはまずないので、次の相談を見越して種をまいておく……というイメージです。

風テラスの弁護士やソーシャルワーカーが相談に乗っている姿勢を拝見して、ホームレスの方の支援と同じだな、と実感しました」

†よりマシな「いびつさ」をデザインするために

かつてホームレスの問題は、単純に失業の問題、個人の自助努力の問題だと考えられてきた。路上で生活している彼らは「怠け者」であり「甘えているだけの存在」と見なされ、環境浄化や治安維持の観点から、排除の対象になった。

しかし、ホームレスの背景には、個人の自助努力や道徳の問題だけでなく、住まいの問題、企業福祉や家族福祉の機能不全、障害や病気などの様々な社会的課題があることが明らかにされ、今では完全に福祉領域の問題になっている。

かつてのホームレスがそうだったように、性風俗業界は環境浄化や治安維持の観点のみで語られることが大半であり、そこで働く彼女たちは「汚らわしい」「道徳的にふしだらな存在」と見なされ、社会的な排除や差別の対象になっている。

福祉や司法の世界でも、「風」の世界で働く人たちに対する処遇は、社会的包摂の実現を職務とする専門職が最も忌むべきはずの「社会防衛思想」＝マジョリティの安心と安全を守るために、マイノリティは社会から排除されるのが当然である、とみなす思想に基づいて下されてきたのではないだろうか。

ホームレスと同様に、性風俗の世界についても、今後「この仕事で稼げる／稼げない」といった経済的な問題は後景化し、「この仕事で生活できる／できない」といった福祉的な問題が前景化していくことが予想される。

遅かれ早かれ、大半の女性が「風」の世界で働いても生活保護と同水準、あるいはそれ以下の金額しか稼げない時代がやってくるだろう。

「性風俗と福祉の連携」という言葉が、センセーショナルなバズワードとしてではなく、福祉の教科書に当たり前に載っているキーワードとして、良くも悪くも社会に浸透する時代がやってくるに違いない。

そして、「彼女たち」の問題が「私たち」の問題に他ならないのだとすれば、誰もが当事者として「いびつな共助」に向き合わざるをえなくなる瞬間が訪れるはずだ。

その時のためにも、「風」の世界における「いびつな共助」の存在を一つの社会資源として容認しつつ、倫理的なジレンマと戦いながら、よりマシな「いびつさ」をデザインするためのスキルを身につけていく必要がある。

真の社会的包摂や共生社会を実現するために、私たちがこれからやるべきことは何か。広がり続ける「見えないグレーゾーン」にどのように対峙していくべきなのか。その中にある課題やジレンマを解決するために、誰と手を組んで、どのように戦っていくべきなのか。


それらの問いに対する答えは全て、「風」の中に舞っているはずだ。

コラム

「なんとなくヤバそう」を越えてつながるために

浦﨑寛泰

風テラスの相談担当弁護士として、この約三年間、毎月一回、池袋にある待機部屋に通っている。待機部屋での法律相談は、「生活費が足りず、借金が膨らんで払えない」「離婚調停の手続きについて知りたい」「相続のことで親戚と揉めている」など、街の一般の法律相談とそれほど変わらないという印象を持っている。

しかし、多くの女性たちが異口同音に話していたのが、「弁護士に風俗の仕事のことを話しづらくて、相談に行くのをためらっていた」「辞めろと怒られるんじゃないかと心配だった」ということである。実際に、「そういう仕事（デリヘル）は危ないから辞めた方がよい」と弁護士や役所の相談員などから言われた経験があるという相談者も一人や二人ではなかった。性風俗で働いているということが、立場の開示のしづらさ、相談のしづらさ、専門職へのつながりにくさにつながっているという側面があると思われる。

風テラスは、性産業で働く女性特有のそのようなつながりにくさを、お店というキーパーソンを介することで解消しようという試みである。弁護士をはじめとした専門職は、これまで、性産業で働く女性に対してダイレクトにアクセスしようとはしても、風俗店（経営者サイド）と連携するという発想は乏しかったように思われる。むしろ、風俗店は潜在的に敵対する存在と認識していたのかもしれない。その点で、待機部屋を借りるという形で、風俗店と連携した風テラスの試みは、弁護士の立場からみても画期的なアプローチの手法であった。

もっとも、弁護士などの専門職と風俗店との連携には、様々なハードルがある。おそらくその最たるものの一つが、専門職と風俗店の双方にある、お互いに対する「警戒感」であろう。

弁護士などの専門職の多くは、風俗店側（経営者側）に対して、違法なことをしているのではないか、自分もそれに巻き込まれるのではないか、要するに、「なんとなくヤバそう」という印象を持っているのではないか。違法な業者と連携して活動すれば、職業倫理などに抵触し、場合によっては自分自身の職を失いかねない。そんな怖さがあるのではないか。実際、風テラスの活動について、同業者である弁護士からも

「大丈夫なの?」と心配されることがある。

風俗店側にとっても、弁護士が入ることで女性が辞めてしまうのではないか、あれこれ要求を突きつけられるのではないかという警戒感があるであろうことは、想像に難くない。もっとも、風テラスの活動が、必ずしも女性と風俗店を対立構造では捉えず、女性の「福利厚生」的なものとして機能していることは、この三年間の実績と発信により、女性の「働き方改革」に力を入れる一部の風俗店からは評価されているように思われる。

しかし、そのような「健全経営店」でさえも、「目立ったことはしたくない」という意識が働き、風テラスのような取り組みを自らの店で実施しようとすることには相当なハードルがあるようである。

このような、専門職と風俗店双方のお互いに対する「警戒感」を、どうやって払拭すればよいのか。今のところ妙案はないものの、法制度の観点からいえば、性風俗店の法的な立場を再構成する必要があるのではないかと考えている。

現在、デリヘルなどの性的サービスを提供する営業は、風営法(風俗営業等の規制及び業務の適正化等に関する法律)の「性風俗関連特殊営業」として規制されている。

「性風俗関連特殊営業」は、「性を売り物とするものは本質的に不健全だから、許可制をとることで公に認知することにはなじまない」という考え方を背景に、許可制ではなく届出制となっている（届出制といっても、実際には極めて厳しい立地規制などがあり、許可制に比べて規制が緩いわけではない）。

このような現在の法規制は、あえて性風俗店の法的立ち位置を曖昧にすることで、警察に広範な裁量を与えているともいえる。国にとっては、「いかがわしい」営業に対してはその方が都合が良いということなのであろう。

しかし、警察が「その気になればいつでも店を潰せる」力を持つことは、店側に「目立つことはしたくない」と思わせることにつながる。店や女性に何かトラブルがあっても、極力表に出さないようにしようとなりかねない。弁護士などの専門職側にとっても、そのような曖昧な「いかがわしい存在」と連携することは躊躇を覚えてしまう。

もちろん、道徳的な理由や個人的価値観から、性的サービスを好ましく思わない人も大勢いるであろう。しかし、道徳的に「いかがわしいものはダメ」だからといって、警察の裁量を大幅に認めるような法制度は問題がある。規制すべきものとすべきでないものをもっと理論的に詰めた法制度にしなければならない。「健全な性道徳の保持」といった曖昧な理由ではなく、性暴力や搾取など、誰が見ても「これはダメだよね」という部分を排除することができるように、明確なルール作りが必要である。その上で、そのようなルールが守られることを前提に、店側の法的な立場（営業権）を明確にする。そのことが、そこで働く人の権利を保障にすることにつながる。また、店やそこで働く人々が、外部の専門職ともつながりやすい環境をつくることになる。

性産業は、ある種の「曖昧さ」（「なんとなくヤバそう」感）によって成り立っている部分もあるかもしれない。しかし、そこで働く人々の尊厳や安全に関わる権利までもが曖昧であってはいけないと思う。「なんとなくヤバそう」な世界で働く人々の権利をどのように保障するかという観点から、店側も専門職側も、お互いに対する「警戒感」を解消していけるような法制度が必要である。

あとがき

「デリヘルを経営していた頃は、人権なんて全く考えたこともありませんでした。自分が当事者になってはじめて、風俗に関わる人たちには人権がない、ということが身に染みて分かりました」

私の目をまっすぐ見ながら、佐藤博也さんは落ち着いた口調で語った。緑色の作業着の胸には「第×工場・78××」と記されたバッジがつけられている。

目の前にいるにもかかわらず、佐藤さんの声は分厚いアクリル板にさえぎられて、くぐもって聞こえる。隣の席では、年配の刑務官が無言で会話を記録している。

そう、ここは刑務所の面会室である。デリヘルチェーンのフランチャイズオーナーだった佐藤さんは、店で働いていた女性が本番行為を行っていたという理由で警察に逮捕された。

佐藤さんは「自分から本番行為をするように女性をそそのかしたことは一切なかった」と主張したが、売春防止法違反等の罪で実刑判決を受け、この刑務所で服役している。

二〇一八年五月の蒸し暑い日、佐藤さんに面会するために、私は新幹線とバスを乗り継ぎ、片道五時間かけて、彼の服役している刑務所にたどり着いた。

†全てのデリヘル経営者は、いつ逮捕されてもおかしくない

「女性の供述はでたらめなのに、警察はそれを証拠にしてしまうんですよ」と佐藤さんは悔しそうな表情でつぶやいた。

第四章で述べた通り、デリヘルでは稼ぐために本番行為に手を染める女性がいる。サービスはホテルや客の自宅等の密室内で行われるため、店側がどれだけ女性を指導・注意しても、本番行為を一〇〇%防ぐことは事実上不可能だ。

しかし、たとえ女性が店の指導に反して本番行為を行ったとしても、法律上は店の経営者の「未必の故意（明確に指示をしていなくても、そうなる可能性が分かっていて黙認していた）」に当たると判断される。

つまり、女性を密室に派遣した時点で「本番行為を黙認していた」とみなされてしまい、

店の経営者やオーナーは売春防止法違反の責任を問われることになってしまうのだ。

そう考えると、全てのデリヘル経営者は、健全営業をしていようがいまいが、いつ逮捕されてもおかしくない立場にいるということになる。

佐藤さんは、「指名を得るために店の注意を無視して本番行為をしている女性も多いのに、本番を指示していない経営者だけが責任を問われるのは納得がいかない」と訴え、売春防止法を見直すべきだとして最高裁判所に上告の手続きを取ったが、あえなく棄却された。

来年の春までは今の刑務所で服役しなければならないが、出所した後は大学に行って、性風俗業界で働く人たちの人権問題について学びたいと考えているという。

アクリル板の向こうで、坊主頭の佐藤さんは「ある意味では貴重な経験なので、これを活かしたいですね」と苦笑いした。

†密室における性暴力・盗撮被害

密室でのサービスが甚大な人権侵害を生むのは、男性側ばかりではない。第三章でも取り上げた通り、デリヘルで働く女性がラブホテルの部屋の中で男性客から本番強要などの性暴力被害を受けた場合、密室内での出来事であるために、被害を受けたという証拠を提示することができない。

そのため、警察に被害届を出しても受理してもらえなかったり、刑事事件として訴えることもできないケースが多い。相手側に「やっていない」「証拠はあるのか」と開き直られた時点で、それ以上の追及ができなくなってしまう。

医師や警察への相談過程での二次被害（「あなたにも落ち度があった」「そんな仕事をしているあなたが悪い」といった心ない言葉を投げかけられること）によって、精神的なダメージを増幅させてしまうこともある。

弁護士に依頼して加害者と直接交渉したり、民事事件として争ったとしても、弁護士費用を考えれば赤字になるような金額しか請求できないこともある。

密室でのサービスであるがゆえに発生するもう一つの深刻な問題は、盗撮だ。

撮影機材の小型化・高性能化・低価格化によって、今ではいつでも・誰でも・どこでも盗撮行為を簡単に行えるようになっている。

多くの地方自治体の迷惑防止条例で規制されているのは、あくまで道路や公園、駅や公衆トイレなどの「公共の場所」や、電車やバスなどの「公共の乗り物」の中といった、

「公衆の目に触れるような場所」で行われた盗撮だけである。

そのため、自宅にデリヘル嬢を呼んで盗撮した場合、ラブホテルの部屋の中で盗撮をした場合は適用が困難になる。盗撮した画像や動画をネット上にアップすれば当然違法になるが、私的に保存しているだけでは処罰することは難しい。

こうした理由から、デリヘルやリフレの現場は、事実上の盗撮天国になっている。

†ブラックボックスに「風穴」を開けろ

デリヘルやリフレが密室の中で行われるサービスである限り、女性の故意による本番行為は防げないし、性暴力や盗撮被害も一〇〇％防ぐことはできない。それゆえに、現行の制度や法律の枠内では、性風俗業界の経営者や働く女性の人権を守ることはできない。

これはあくまで構造問題であり、特定の誰かや何かをやり玉に挙げて叩けば解決する、という話ではない。

性風俗やＪＫビジネスは「性暴力被害の温床」という文脈で語られることが多いが、それらの世界にかかわる全ての男性が性暴力に加担しているわけではない。

男性経営者やスタッフは、冒頭の佐藤さんのような摘発リスクに常に晒されてる。彼らもまた、密室の中で人権を不当に侵害されるリスクを平等に背負っているのだ。

問題を突き詰めていけば、一対一の完全な密室内＝「ブラックボックス」の中で行われるサービスであるということが、この世界で発生する様々な不幸や被害の根本原因になっている。

ソープランドやファッションヘルスなどの店舗型性風俗店であれば、プレイルームでトラブルが発生した場合には、すぐに店員が駆けつけることができた。店の受付や各部屋に監視カメラを設置して、働く女性や店員の安心・安全を確保することもできた。

しかし、無店舗型のデリヘルやリフレではラブホテルやレンタルルーム内でサービスが行われるため、トラブルが発生しても店員がすぐ女性の元に駆けつけることができない。店員が現場に向かっている間に、客が盗撮画像などの証拠を隠滅してしまったり、その場から逃げてしまうこともある。

本番強要などの性暴力被害を受けても、何もできないまま泣き寝入りするしかないケースも多い。

性風俗の世界で働く人たちは、こうしたブラックボックスの中で生きることを自発的に選んだわけではない。

「善良かつ清浄な環境の保持」や「青少年の健全な育成」といった建前を用いて、性風俗の世界で働く人たちを社会の光が当たらないブラックボックスへと閉じ込めたのは、まぎれもなく社会の側である。

そう、性風俗のいびつな現場で様々な被害や不幸が生み出される責任は、性風俗業界やそこで働く人たちの側だけにあるのではなく、社会の側にもある。

働く人たちの権利を守るためには、「いびつな共助」としての性風俗の構造を明らかにするだけでなく、社会の側が作り出している斥力＝性風俗に対する差別や偏見、隔離や排除を生み出す圧力の中身を明らかにし、それらを一つずつ変えていく必要がある。

†狙うべき「ボウリングのセンターピン」

それでは、こうした社会の側が作り出している斥力を緩和するためには、どのような処方箋が必要になるのだろうか。

第二章で分析した通り、性風俗の現場には様々な社会的課題が複雑怪奇に絡み合っているため、一体どこから手を付けたらよいか、分からないかもしれない。

そうした中で狙うべき「ボウリングのセンターピン」を一つ挙げるとすれば、それは

「性風俗の世界で働く人たちの法的な立場の弱さを改善すること」だ。

現行の風営適正化法は、「善良の風俗と清浄な風俗環境の保持」と「少年の健全な育成に障害を及ぼす行為の防止」を目的とした法律であり、「現場で働く人の権利を守る」という視点が欠如している。

そして「適正化」という言葉が名称に入っているにもかかわらず、デリヘルをはじめとする性風俗関連特殊営業に関しては、営業を適正化するための遵守事項（守るべきルール）は示されていない。

その背景には、「性風俗は、誰がどのように営業してもいかがわしい仕事にならざるをえないので、営業内容について行政が指導や監督をすることはできないし、する必要もない」という考えがある。

しかし、「現場で働く人の権利を守る」「営業する上で、それぞれの店舗が守るべきルールをきちんと定める」といった視点が法律に明記されていなければ、悪質な店舗による女性の搾取、性感染症の蔓延、労働環境の悪化や性暴力被害などに伴う人権侵害を防ぐことは不可能だ。

風紀の維持や性道徳の観点だけで語られがちだった性風俗の問題を、「働いている人の安心と安全をどう守るか」という権利擁護の観点へと一八〇度切り替えること。

そのための法整備を行うことができれば、この世界で働く人たちの法律的な立場の弱さは改善されるはずだ。

†ブラックボックスに「風穴」を開けろ

法的な立場が明確になれば、個々の店舗が社会とつながる接点を増やすことができる。性風俗の仕事が「有害業務」や「人身売買」ではなく「接客業」として認知され、適切な形で求人や広告を出せる範囲が広がれば、詐欺まがいの求人広告や路上スカウトなどの違法な手段で女性を集める必要がなくなる。

警察の裁量による理不尽な摘発リスクが減り、金融機関から融資を受けることが可能になれば、長期的な視点を持った上で、安定的に経営を行うことができる。経営状況に関して第三者の審査を受ける機会が増えれば、税金の無申告も減るはずだ。

健全営業を行う店舗が増えれば、風テラスのような活動を行っているＮＰＯとの連携も容易になる。昼の世界の人たちや専門職などの支援者が、現場で働く人たちとダイレクトにつながる機会が増えていけば、性風俗に対する差別や偏見も徐々に緩和されていくだろう。

法律や福祉へのアクセスが常時保証され、税金の申告も適正に行う女性が増えれば、夜の仕事をやめた後のセカンドキャリアの問題も、解決が比較的容易になるはずだ。第四章で述べた奈落に落ち込んでしまう女性も減るに違いない。

「繁華街の風紀や性道徳を守る」から「現場で働いている人の権利を守る」へのパラダイムシフトを実現することができれば、社会の側が作り出している斥力は大幅に緩和されるだろう。

今必要なのは、こうしたパラダイムシフトの実現を目指して、現場と社会をつなぐ橋を架け続けること。そして、その橋を行き交う人々の質量を高めることを通して、ブラックボックスに満ちた「風」の世界に、文字通り「風穴」を開けていくことだ。

本書がその「風穴」の一つになれば、著者としてこれ以上の喜びは無い。

風テラスに相談にお越しくださった女性の皆様、風テラスの弁護士・ソーシャルワーカー・相談支援員の皆様、協力店舗の店長・スタッフ・在籍女性の皆様、そして訴求力のある帯イラストを描いてくださった漫画家の柏木ハルコさんには、この場を借りてお礼を申し上げたい。

またお子さんが生まれたばかりの大変な時期に本書の編集を手掛けてくださった筑摩書房の橋本陽介さんにも、最大限の感謝を送りたい。

「身体を売る彼女たち」の事情とは何か。それは、いびつな共助の中で生きていかざるをえない私たち自身の事情に他ならない。

そのことを多くの人に伝えるため、そして現場で働く人たちの権利を守るため、風テラスはこれからも「風」の世界と社会をつなぐ中継拠点であり続けていきたい。

この世界が「彼女たちの」という三人称ではなく、「私たちのＪＫビジネス」「私たちのデリヘル」という一人称で語られる社会を目指して。

二〇一八年九月三日　新潟市の仕事場にて　坂爪真吾

【コラム執筆者一覧】

第一章
安井飛鳥：1984年生まれ。弁護士・社会福祉士・精神保健福祉士。弁護士法人ソーシャルワーカーズ　副代表弁護士

第二章
木下大生：1972年生まれ。社会福祉士。武蔵野大学人間科学部社会福祉学科准教授

鈴木晶子：1977年生まれ。臨床心理士。一般社団法人インクルージョンネットかながわ理事。

第三章
橋本久美子：1969年生まれ、社会福祉士・精神保健福祉士・保育士。母子生活支援施設勤務・保護司。

第四章
徳田玲亜：1986年生まれ。弁護士。仲里建良法律事務所

第五章
浦﨑寛泰：1981年生まれ。弁護士・社会福祉士。弁護士法人ソーシャルワーカーズ　代表弁護士

【風テラスのご案内】


風テラスは、風俗ではたらく人のための無料生活・法律相談サービスです。

弁護士とソーシャルワーカー（社会福祉士・精神保健福祉士）が、あなたの相談に丁寧にお答えします。

風俗の世界で働く女性の方々が、現在抱えている悩みや困難（借金、離婚、障害、病気、介護、育児、DVなどの問題）を風俗で働いているという事実を隠さずに、安心して相談できる機会を作ることを目的にしています。

風俗店で働いている（働いていた）方であれば、どなたでもご利用頂けます。

全国どこからでも相談可能です。お電話でのご相談も可能です。

相談内容は、どんなささいなことでも構いません。LINE・メールでの相談予約も可能です。


【相談予約はこちらから】

◇ホームページ　www.futeras.org
◇LINE ID：futeras　◇Twitter：@futeras　◇メール：info@futeras.org

【ご寄付のお願い】

風テラスは、皆様から寄せられた寄付金によって運営しております。
皆様からの温かいご支援をお待ちしております。
寄付金の振込先口座
ゆうちょ銀行　記号　11200　番号　40623041　名義：フウテラスキキン
＊他金融機関から、ゆうちょ銀行へお振込みの場合
【店名】一二八（イチニハチ）【店番】128　普通預金　【口座番号】4062304

ちくま新書
1360

「身体《からだ》を売《う》る彼女《かのじょ》たち」の事情《じじょう》
――自立《じりつ》と依存《いぞん》の性風俗《せいふうぞく》

二〇一八年一〇月一〇日　第一刷発行

著　者　坂爪真吾（さかつめ・しんご）

発行者　喜入冬子

発行所　株式会社 筑摩書房
東京都台東区蔵前二-五-三　郵便番号一一一-八七五五
電話番号〇三-五六八七-二六〇一（代表）

装幀者　間村俊一

印刷・製本　株式会社 精興社

ISBN978-4-480-07181-1 C0236

1067
男子の貞操
――僕らの性は、僕らが語る
坂爪真吾
男はそんなにエロいのか？　初体験・オナニー・風俗・童貞など、様々な体験を交えながら、男の性の悩みを一刀両断する。学校では教えてくれない保健体育の教科書。

1162
性風俗のいびつな現場
坂爪真吾
熟女専門、激安で過激、母乳が飲めるなど、より生々しくなった性風俗。そこでは、どのような人たちが、どのような思いで働いているのか。その実態を追う。

1163
家族幻想
――「ひきこもり」から問う
杉山春
現代の息苦しさを象徴する「ひきこもり」。閉ざされた内奥では何が起きているのか？〈家族の絆〉という神話に巨大な疑問符をつきつける圧倒的なノンフィクション。

1125
ルポ　母子家庭
小林美希
夫からの度重なるＤＶ、進展しない離婚調停、親子のギリギリの生活……。社会の矛盾が母と子を追い込んでいく。彼女たちの厳しい現実と生きる希望に迫る。

904
セックスメディア30年史
――欲望の革命児たち
荻上チキ
風俗、出会い系、大人のオモチャ。日本には多様なセックスが溢れている。80年代から10年代までの性産業の実態に迫り、現代日本の性と快楽の正体を解き明かす！

1225
ＡＶ出演を強要された彼女たち
宮本節子
ＡＶ出演を強要された！　そんな事件が今注目されている。本書は女性たちの支援活動をしてきた著者による初の報告書。ビジネスの裏に隠された暴力の実態に迫る。

1242
ＬＧＢＴを読みとく
――クィア・スタディーズ入門
森山至貴
広まりつつあるＬＧＢＴという概念。しかし、それだけでは多様な性は取りこぼされ、マイノリティに対する差別もなくならない。正確な知識を得るための教科書。